넥스트
제너레이션
리더십

넥스트 제너레이션 리더십

NEXT GENERATION LEADERSHIP

**메타버스 시대,
탁월한 팀을 만드는
이공계 리더들의
핵심 스킬!**

이치민 지음

활자공방

자신의 삶에 바라는 명확한 목표를 향해 노력하고 있다면, '누구나 이미 리더'다. 타인과 함께하는 다양한 형태의 집단이라면, 리더의 역할은 더욱 중요하다. 리더십은 개인과 집단, 모두에게 꼭 필요하다. 리더십은 특별한 소수의 사람들만 갖고 태어난 것이 아니라, 누구나 후천적 학습을 통해 개발이 가능하다.

리더십은 시간과 공간, 인간의 문화적 차이와 상관없이 유용하다. 인류의 발전은 고대인부터 집단을 이루어 협력하는 과정을 통해 이어져왔다. 집단을 통한 협력은 변함없이 최고의 생존과 번영 전략이 분명하다. 디지털 세상으로 빠르게 변화하고, 팬데믹 속에서 각자도생의 불안한 사회를 살고 있지만 집단과 리더십에 대한 열망은 더욱 높아지고 있다.

누구도 경험해보지 못한 세상을 마주하고 있기 때문에, 집단지성을 통한 시너지가 더욱 간절하다. 리더는 오랜 경험과 전문성 그리고 권위로 '답'을 제시하고, 구성원은 충실히 따르기만 하던 시대는 끝난 지 오래다.

'지금은 맞고 그때는 틀린' 시대가 도래했다. 이유는 명확하다. 환경이 바뀌었고, 절대다수의 구성원이 공감하는 가치가 바뀌었기 때문이다. 그들이 공감하고 합의하면 '법'도 바뀌고 세상도 변화하기 마련이다. 과거와 다른 리더십이 필요해졌다.

앞으로의 사회는 수평적 구조로 가속화되며, 철저하게 법과 계약을 기반으로 관계를 시작한다. 게다가 그 어느 때보다 다양한 개성을 갖고 있어, 이해 충돌의 가능성도 더욱 높아지게 된다. 그럼에도 과거의 방식으로 풀기 어려운 문제해결을 위해, 다양한 형태의 협업은 꾸준히 증가하고 있다. 불편하지만, 서로 연결되고 가까워졌고, 의존성이 높아졌다는 사실을 명확하게 인지하게 되었다.

그러나 낯설고 이질적인 사람들이 함께 원활히 협력하기란 쉽지 않다. 좋은 의도만으로는 기대하는 결과를 만들 수 없다. 서로 윈윈할 수 있는 방법을 모색하며, '공감과 합의'를 이끌어낼 수 있는 리더십이 더욱 중요해지고 있다.

이 책은, 리더십 개발에 관심이 있는 학습자를 염두에 두고 기획했다. 지금은 구성원 입장에 있지만, 중장기 관점에서 리더 역할을 준비하고 필요한 역량을 체계적으로 개발하기 위한 '리더십의 A to Z'를 모두 반영하려 했다. 이런 관점에서 리더십 개발을 시작하는 사람들의 셀파 역할을 할 수 있기를 기대한다.

특히 경영학과 심리학에 대한 학습 경험이 적은 이공계 전공자들에게 이 책은 낯선 분야에 대한 입문서로 충실한 가이드 역할을 할 것으로 생각된다. 인간의 욕망과 행동에 대한 이해를 돕기 위해 '심리적 특징'을 충실하게 반영했고, 구체적인 활용의 예시와 사례에 적지 않은 지면을 할애했다.

현재 속한 집단의 목적과 특징이 다르더라도 쉽게 적용할 수 있도록, 모든 집단이 공통적으로 지닌 속성을 중심으로 구성했다. 대기업과 중소기업, 공기업과 NGO 등 다양한 집단에 적용하기 위해 팀보다 '집단'이라는 용어를 주로 사용했다.

1장과 2장에서는 인간과 집단 그리고 리더십에 대한 이해를 돕기 위해 충실히 소개했다. 딱딱한 개념과 이론을 소개하는 부분은 최소화했지만, 큰 틀에서 독자의 이해를 돕기 위해 필요한 핵심 중심으로 빠짐없이 반영했다. 쉽게 변하지 않는 공통속성을 중심으로 소개하였다.

3장에서 5장까지는 모든 집단의 리더가 책임져야 하는 핵심 역할 3가지를 중심으로 소개했다. 본래의 목표를 달성하는 것Performance Achievement과 구성원의 욕구를 충족시키고 몰입을 돕는 것People Engagement, 그리고 지속적인 프로세스와 변화를 통해 문화를 형성하는 내용Process Enhancement을 다뤘다. 기존의 리더십 서적은, 리더십의 세부 역량 또는 훌륭한 리더의 스토리 중심으로 다룬 것이 다수였다. 이 책은 '리더의 성과 책임과 역할'을 중심으로 다루었다는 점에서 차별성이 있다. 리더는 '책임'을 통해 '역량'을 입증한다. 그 균형을 고려하여 안분했다.

6장과 7장은 리더의 역할 수행 과정에서의 '의사소통과 의사결정'에 대한 내용을 상세하게 소개했다. 리더십은 관계 속에서 빈번하게 일어나는 소통을 통해서 발휘된다. 특히 디지털 세상의 특징에 적합한 구성원의 가치를 반영한 '공감과 합의'를 이끌 수 있는 구체적인 방법을 제시하였다. 불안이 보편적 정서인 시대, 집단 구성원의 심리적 안전감을 높이고 몰입과 실행력을 이끄는 효과적인 방법과 유용한 기술을 포함하기 위해 노력했다.

8장은 리더십 개발을 위한 앞으로의 여정을 소개하였다. 리더십 개발은 '아는 것'이 아니라 '실천하는 것'이다. 올바른 리더십 행동이 '일상의 자연스러운 모습'으로 나타나도록 '좋은 습관 만들기'를 강조했다. 아주 쉽지만, 의식적 노력 없이는 안 되는 것들을 소개했다. 무엇보다 과거의 지난 지식을 '기억'하는 것에서, 스스로 경험과 성찰을 통해 학습하는 '학습민첩성'을 상세히 제시하였다.

목차

집단의 목표를
달성하기 위한 역할

3장

구성원의 몰입을
돕기 위한 역할

4장

집단의 프로세스를
최적화하기 위한 역할

5장

목적과 상황을 고려한
효과적 소통 스킬

6장

올바른 판단과
참여적 의사결정을 이끄는 스킬

리더십 역량 개발을
위한 효과적 실천 방법

왜
리더십이
중요한가?

1장

우리의 일터와 세상은 과거와 달리 더욱 빠른 속도로 발전하고 있다. 특히 개인의 자율성과 정보에 대한 접근성이 매우 커졌다. 오히려 리더가 없어도 되지 않을까 하는 경우도 있다. 하지만 2002년 구글에서는 계층 없는 조직을 실험하면서, 변함없이 리더의 중요성을 입증해주었다. 당시 구글은 스타트업 수준에서 안착 과정을 거치며, '리더는 불필요한 관리자'라는 인식이 있었다. 그래서 리더 없는 철저히 수평적인 조직을 실험했다. 시간이 흘러감에 따라 구성원들은 일에 대한 방향성을 알 수 없어 답답해하고, 기초적인 문의사항과 의사결정 요구가 급증했다. 게다가 모호한 상황이 지속되면서 동료들 간의 갈등은 오히려 증가했다. 2008년에 또다시 비슷한 실험을 해 봤지만, 리더는 상당히 중요한 존재라는 사실을 거듭 입증해주었다.

리더십이 꼭 필요한 이유는 생존욕구와 같은 인간 고유의 특성에서도 찾아볼 수 있다. 어떤 특성으로 인해 리더십은 반드시 필요한 것인가?

1

인간의
집단문화

생존과 적응에 유리한 집단생활

모든 인간은 '생존'에 대한 관심이 가장 높다. 외부 자연환경과 다양한 위협으로부터 '자신을 보호'하고 '번영'하기 위해 노력해왔다. 이러한 본질적인 목적을 가장 효과적으로 달성하도록 돕는 것이 '집단'이었다. 덕분에 인간은 '집단'을 통해, 자신보다 훨씬 더 큰 짐승들과 자연환경을 극복하고 적응해 올 수 있었다.

'생존'이라는 공통의 관심사는 '과업'으로 볼 수 있다. 그러나 집단이 되기 위해서는 '나도 상대방이 필요하고, 상대방도 내가 필요하다'는 전제가 필요하다. 다시 말해, 서로 도움을 주고받을 수 있다는 '신뢰 관계'를 출발점으로 볼 수 있다.

'집단'생활을 하는 생명체는 인간 이외에도 적지 않다. 벌과 개미의 모습은 좋은 예가 될 수 있다. 그러나 인간과 다른 특징은 '과업' 중심적 '생존활동'이 유연하지 못하다는 점이다. 종의 특성에 따른 '습성'에 좌우된다. 반면 인간은 환경 변화에 유연하게 대처하고, 다양한 방식으로 정확하고 빠르게 소통할 수 있다.

인간과 유사한 원형으로 볼 수 있는 침팬지와 고릴라도 집단을 이루어 생활하지만, 개체 수 65 이상이 함께하지는 못한다. 던바의 법칙에 의하면 인간은 최대 150명 정도의 관계를 이룰 수 있다고 한다. 그러나 수천만 명 또는 수십억 명에 이르는 규모의 사람들이 집단을 이루기도 한다. 예를 들어, 전 지구적인 환경과 안전 그리고 기아 대책 등을 위한 집단행동을 생각해 볼 수 있다.

이처럼 인간은 시간과 공간의 차이 그리고 인종의 다양성에도 불구하고 '집단'을 이루어 유연하게 목표를 실현할 수 있다.

인간은 집단을 통해서 '공통의 목표'를 달성할 수 있다는 믿음을 공유한다. 이럴 때 하나의 집단으로서의 특징을 갖추게 된다. 이스라엘 역사학자 유발 하라리는 '이야기'를 공유하고, 이를 함께 믿게 되면, '현실'이 된다는 점을 차별적 특성으로 강조했다. 복잡한 언어구사를 통해, 눈에 보이지 않는 다양한 상상력을 공유할 수 있었다. 다시 말해, 다양한 모습의 꿈을 공유하고 함께 믿게 될 때 '구체적 현실로 구현'된다는 점이 인간 집단의 특징이라 말할 수 있다. '내가 믿는 것'을 '상대방도 믿으면', 지극히 주관적인 것들이 적어도 '상호 간에는 객관성'을 확보하게 되는 원리인 셈이다.

모든 인간은 원하는 목표를 이루기 위해 '투입하는 노력과 자원'을 최소화하는 것에 관심이 높다. 가장 적은 노력으로 가장 큰 결과를 기대하는 것은 모든 인간이 지향하는 공통된 특징이다.

집단이 목표를 달성하는 과정의 다양한 전략, 역할, 규칙 등에 대해서 '과거의 방식'에 안주하기보다는 동일한 실수를 최소화하고, 외부의 낯선 위협에 새롭게 적응하고 대응하는 노력을 꾸준히 실행해왔다.

전쟁기념관

"The More, The Better, The Faster"라는 슬로건을 들어본 적이 있는가? 고대 도시국가 형태의 그리스에서 다양한 집단의 일체감을 조성하기 위한 '형식'으로 활용했던 '올림픽의 표어'다. 이런 지향성이 사회제도와 과학기술 등의 모든 문명을 끊임없이 고도화시킨 원동력으로 볼 수 있다. 집단에 대한 진지한 연구도 마찬가지였다.

'어떻게 해야 보다 효과적이고 효율적으로 목표를 달성할 수 있을까?'
'어떻게 해야 구성원들이 동일한 방향의 목표에 집중하고, 공감할 수 있을까?'
'어떻게 해야 집단 구성원의 갈등을 최소화할 수 있을까?'
'어떻게 해야 집단 구성원들이 서로 신뢰하고 협동할 수 있을까?'
'어떻게 해야 집단을 영원히 유지하고, 발전시킬 수 있을까?'

결국 인간은 '더 나은 세상'에 대한 강한 열망을 품고, 스스로 '질문'을 만들어 내고 '해답'을 찾아가는 과정을 통해서 '엄청난 발전'을 이룩한 셈이다.

집단이란?

집단은 2인 이상의 사람들이 모인 것이다. 집단 구성원들은 서로 소속감과 공동체 의식을 갖고, 지속적인 상호작용을 한다. 예를 들어 가족과 학교 그리고 회사 등을 모두 집단으로 볼 수 있다. 반면 광장에 모여 있는 사람들이나 지하철에 함께 탑승한 승객들은 '지속적인 상호작용과 소속감'이 없기 때문에 집단으로 볼 수 없다. 분류 기준에 따라 다양한 집단을 나누면 다음과 같다.

- 접촉 방식의 차이에 따른 분류 - 1차 집단과 2차 집단(Charles Horton Cooley)

집단 구성원들이 친밀한 대면접촉과 인격적 관계로 형성된 집단을 1차 집단으로 분류한다. 1차 집단의 예로는 가족과 이웃, 놀이집단을 들 수 있다. 이들은 집단 구성원들의 인성 형성과 정서적인 안정을 지원한다. 주로 소규모 형태의 집단으로 변동성이 낮다. 구성원들 사이에는 비공식적인 관습과 도덕이 규칙으로 작용한다.

반면 2차 집단은 구성원들 상호 이해관계利害關係에 따라 '명확한 목적'을 기반으로 조직된다. 예를 들어 회사와 정당 또는 학교와 노동조합이 있다. 복잡하고 다양하며, 전문화된 사회에서 발달된다. 규모는 매우 크며, 이합집산의 유동성이 매우 크다. 이런 이유로 공식적이고 형식적인 규칙을 통해서 서로를 통제하게 된다.

이런 분류와 비슷한 기준이 독일의 사회학자 퇴니스Ferdinand Tönnies의 주장인 '공동사회(게마인샤프트)'와 '이익사회(게젤샤프트)'이다. 같은 관점에서 '공동사회'는 1차 집단, '이익사회'는 2차 집단으로 이해할 수 있다. 특히 '이익사회'는 계약과 규칙에 근거하여 구성원들의 행동을 규율한다.

- 소속감의 차이에 따른 분류 - 내집단과 외집단(Sumner. W.G)

집단 구성원들의 소속감과 공동체 의식이 강한 집단을 '내집단in group'이라 부른다. 예를 들어 우리 회사, 우리 집, 우리나라 등 '구성원 자신과 동일시'하는 특징을 가진다. 반면 이질감과 적대감을 가진 집단을 '외집단Out group'으로 분류한다.

그리고 구성원 입장에서 자신의 판단과 행동의 기준으로 삼는 집단을 '준거집단'으로 부르기도 한다. 바꾸어 말하자면, 본인의 구체적인 소속과 상관없이 '믿고 따르는 집단'을 의미한다. 만약 현재의 소속 집단이 준거집단과 일치한다면 '소속감과 자부심, 만족감'이 높다. 반면 일치하지 못하는 경우라면, 불만을 갖고 비협조적인 태도를 보일 수 있다.

이상에서 살펴본 바와 같이, 인간은 다양한 사회집단에 소속되어 있다. 이런 관점에서 아리스토텔레스는 인간을 '사회적 존재, 정치적 동물'이라 불렀다. 인간이 존재하는 한 '집단'은 변함없이 존재할 것이다. 그 형태와 방식은 미세한 조정이 있더라도 말이다.

이 책에서 주목하고 싶은 집단은 '목표'가 명확한 집단이다. 또한 그 목표를 효과적으로 달성하기 위해 구성원의 지위와 역할을 명확히 구별하고, 상호 공존을 위한 규범이 엄격하게 규정되어 있는 집단에 초점을 두고자 한다. 이처럼 집단이 뚜렷한 목표를 지향하는 공식적으로 체계화된 경우를 '조직'이라 부를 수 있다. 그러나 여기서는 '리더십의 개발과 발휘'라는 측면의 범주를 확대하기 위해 '집단'이라는 용어를 계속해서 사용하고자 한다. 회사의 조직체계뿐 아니라 학교, 군대 등 다양한 모임 전체를 효과적으로 설명할 수 있기 때문이다. 심지어 가정도 집단의 한 형태가 분명하기 때문이다.

리더와
리더십

개인 차원이 아닌, 집단 차원에서 '공동의 목표'를 달성하기 위해서는 '구성원들의 다양성'을 조정하고 통합하는 역할이 꼭 필요하다. 우리는 그 사람을 '리더'라 부른다.

리더의 역할

리더 하면 어떤 이미지가 연상되는지 상상해보라. 필자는 스포츠 팀과 감독의 모습이 가장 먼저 떠오른다. 예를 들면 미국 NFL 신화인 롬바르디 감독, 2002 월드컵 대표팀의 히딩크 감독, 현대케피탈 최태웅 감독 같은 분들이다.

1968년 슈퍼볼 우승을 이끈 빈스 롬바르디 감독

스포츠 팀의 감독은 경기에서 승리하기 위해 전략을 고안하고 공유하며, 이를 실행하는 데 필요한 선수들의 능력과 의욕을 개발하고, 다양한 자원을 조달함으로써 실행을 지원하는 역할을 수행한다. 궁극적으로 팀이 존재하는 이유, 궁극의 목적은 '대회 우승'이다. 감독은 '우승 여부'에 대한 최종 책임을 져야 하는 사람이다.

결국 리더는 '집단'이 보다 효과적이고 효율적으로 '공동의 목표'를 달성하도록 책임을 다하는 사람이라는 점은 분명하다. 그러나 집단의 상황이 '최초 설립 단계'일 때와 '안정화 단계'에서의 역할은 약간의 차이가 존재한다.

- 집단의 설립 단계에서의 리더 역할

가슴 설레는 꿈을 공유하는 것만으로는 '아무 일도 일어나지 않는 경우'가 허다하다. 리더는 상상을 현실로 끌어내기 위해 '목표'를 구체적인 이미지로 공유할 수 있도록 도와주어야 한다. 실행해야 하는 구체적 과업과 이를 실행할 담당자, 마감 일정 등을 명확히 해야 한다. 약속한 과업들을 책임감 있게 수행하는 과정에 필요한 정보와 도구 등 다양한 자원을 조달하고, 적시에 필요한 소통을 해야 한다. 이 단계의 리더는 '집단의 안정화'에 주로 초점을 둔다. 모호한 것들 속에서 '명확성'을 높여가며, 구성원의 다양성과 갈등 속에서 '신뢰'를 확보해 가는 역할을 수행한다. 이런 토대를 바탕으로 '모두의 열망인 꿈'을 달성하는 데 기여한다.

- 안정화 단계에서의 리더 역할

리더는 집단이 설립된 이유인 '존재 목적'과 단계적으로 달성하고자 하는 '목표'에 초점을 둔다. 이때 '현재의 유지 발전'이라는 측면과 '미래의 변화 대응과 성장'이라는 상반되는 속성 모두를 고려해야 한다. 모든 집단이 초기 습득한 '지식'과 '공통 신념, 가정'은 과거의 환경과 동일한 경우에만 유효하다. 그러나 외부 환경은 끊임없이 변화하고 있다. 그 속도와 변화의 규모에 따라서, '생존하고 유지'하기 위한 노력의 크기가 달라지기 마련이다. 이 상황에서의 리더는 '집단의 현재 안정적 운영 효율'에 주목하면서도 '미래의 기회와 위협에 대한 변화'를 이끄는 역할을 동시에 수행해야 한다. (퀸 경쟁가치 모형)

리더십 연구 과정에 드러난 공통 개념

리더십에 대한 다양한 연구가 있지만, 명확하게 합의된 하나의 개념 정의는 존재하지 않는다. 왜냐하면 다양한 관점과 맥락에 따라서 미세한 차이가 있기 때문이며 굳이 통일성을 확보할 필요도 없기 때문이다.

- 리더십 특성 연구

리더십에 대한 초기의 연구는 '훌륭한 리더'의 모습에 주목하고 '타고난 것'이라는 가정에서 접근했다. 흔히 역사 속 위대한 인물인 세종대왕, 정조대왕, 조지 워싱턴, 나폴레옹, 심지어 히틀러까지 '지도자'의 개인적 특성에 주목했다. 이런 관점에서 리더는 '육성'의 대상이 아니라, '선발'이 유일한 전략이라고 했다. 이 부분이 비판을 받는 이유가 됐다.

- 리더십 행동 연구

이후 리더의 개인적 특질이 아니라, '훌륭한 리더가 발휘하는 행동'에 주목했다. 관리격자Managerial Grid 이론이 대표적이다. 집단이 추구하는 목표에 집중하는 '과업 중심'적 행동과 구성원의 인간적 상호작용인 '관계 중심'적 행동을 구분하여, 균형 잡힌 행동모형을 도출했다. 이후 이러한 틀을 기반으로 다양한 연구들이 확대되었다. 리더십 행동에 대한 연구는 관찰과 측정이 가능한 '리더의 행동'에 초점을 두어 '이를 육성'하는 데 크게 기여했다. 반면 리더가 발휘하는 행동은 언제나 유효하지 않다는 점에 비판을 받았다. 리더십 행동은 다양한 상황의 영향을 받게 되는데, 이 점을 효과적으로 반영하지 못한다는 한계를 갖고 있다.

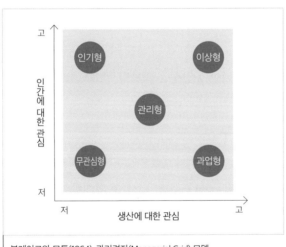

블레이크와 모튼(1964), 관리격자(Managerial Grid) 모델

- 리더십 상황 연구

리더십 행동 연구의 제한점을 극복하기 위해서, '상황'에 대한 연구가 주목받았다. 피들러E. E. Fiedler는 리더십 효과성에 영향을 미치는 상황 변수로, '리더와 구성원의 관계', '과업의 구조화 정도', '리더의 포지션 파워 수준'이 있다고 보았다. 이후 켄 블렌차드Ken Blanchard와 폴 허시Paul Hersey는 '상황 대응 리더십Situational Leadership 이론'을 제시하였다. 이는 '관리격자 이론'을 개선하여, 구성원의 역량과 의욕을 고려한 성숙도라는 상황이 중요하다는 점을 명확히 하였다. 결국 리더가 발휘하는 리더십은 상황에 적합해야 한다는 관점에서, 다양한 리더십 스타일 연구로 이어지게 되었다.

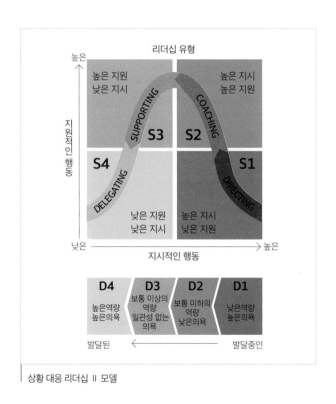

상황 대응 리더십 II 모델

- 최근 연구

전통적인 리더십 연구는 특성, 행동, 상황의 단계를 거치면서 고도화되었다. 최근에도 다양한 방식의 연구 결과가 제시되고 있다.

- 기존 거래적 관계에 대응한 '변혁적 리더십': 번스Burns, J. M, 바스Bass, B. M
- 군림하던 리더가 아닌 섬김을 강조한 '서번트 리더십': 그린리프Greenleaf, 스피어스Spears
- 리더의 지도 없이 구성원 스스로 목표를 달성할 수 있다는 '리더십 대체이론': 커Kerr, 저미어Jermier

무엇보다 실증 연구를 토대로 학술연구에 가장 많이 인용되고 있는 결과물은 쿠제스James M. Kouzes와 포스너Barry Z. Posner의 '리더십 챌린지'다. 연구 결과 훌륭한 리더십을 발휘하는 리더의 5가지 공통 특성을 다음과 같이 밝혔다.

- 리더는 자신의 가치와 원칙을 명확히 한다.
- 비전으로 구성원들의 가슴을 뛰게 한다.
- 구성원들이 새로움에 도전하도록 격려한다.
- 구성원들의 행동을 이끌어 내어 스스로 행동하게 만든다.
- 구성원들의 열정이 우러나게 한다.

- 리더십 개념의 보편적 정의

리더십 연구는 오랜 시간 동안 고도화되었다. 리더의 영향력을 극대화하기 위해서 '핵심 영향 요인'을 명확히 규명하는 과정에서 다양한 맥락적 변수들을 모두 반영하기 어려웠기 때문이었다. 여전히 모든 상황에 유효하게 적용할 수 있는 리더십을 이야기하는 것은 곤란하다. 왜냐하면 리더십은 상황과 관계에 영향을 받기 때문이다.

리더십 개발 측면에서는 이론의 '정확성'을 조금 양보하면 '보편적 공통성' 측면에서 유효한 시사점을 포착할 수 있다. 다양한 연구 속에서 발견된 리더십의 공통점을 정리하자면 다음과 같다.

리더십이란 '집단의 목표 달성 과정에서 리더가 발휘하는 영향력'으로 볼 수 있다. 모든 집단에는 리더가 있고, 누구나 리더가 될 수 있다. 리더십은 충분히 개발 가능하고, 누구든지 발휘할 수 있다.

리더의 영향력 발휘 대상은 '구성원'에 제한하지 않는다. 전통적인 관점에서 볼 때, 영향력의 대상을 구성원 또는 '부하직원'으로 제시하기도 한다. 이는 공식적인 지위와 역할을 전제로 한 것이다. 이럴 경우 '리더'가 발휘하는 영향력만을 '리더십'으로 오해할 수 있다. 그러므로 '다양한 이해관계자'에게 영향력을 행사하는 것으로 초점을 확대하고자 한다. 집단이 지향하는 목표와 가치는 다양할 수 있지만, 존재 이유는 주로 '고객'이 전제되어 있다. 고객의 관심사를 해결하고, 구체적인 가치를 제공하는 과정에 '설명과 설득'하는 등 다양한 상황에서 리더의 영향력은 꼭 필요하다. 보다 큰 조직 속에 소규모 집단인 '팀 또는 파트'의 경우라면, 상위 조직 또는 협업 부서의 파트너들에게도 긍정적 영향력을 행사해야 한다.

최근 확대된 공동체와 집단의 개념은 환경과 안전 그리고 거버넌스에 대한 ESG를 강조하게 되었다. 리더는 자신이 속한 집단 외부의 공공기관과 NGO, 여론 등 다양한 집단에도 영향력 행사가 필요하다. '리더십'은 리더와 구성원 사이에만 발휘되는 것이 아니다.

3

리더십의
효과성 발휘

리더십의 효과성은 리더가 보유하고 있는 파워Power와 구체적으로 소통하는 스킬에 따라 차이가 발생한다. 효과성을 높이려면 첫째는 파워를 최대한 많이 확보해야 한다. 리더가 보유한 힘과 권위가 원천이 된다. 둘째는 리더가 발휘하는 소통 스킬이 적합해야 한다. 상황에 따라 적합한 메시지 구성과 전달할 수 있는 스킬을 갖고 있어야 한다.

리더의 파워

리더가 보유한 파워는 크게 직위상의 파워와 개인적인 파워로 구분할 수 있다.

직위상의 파워	개인적인 파워
• 합법적Legitimate Power • 보상적Reward Power • 강제적Coercive Power	• 전문적Expert Power • 준거적Referent Power
• 외적 요인에서 나온다.	• 내적 요인에서 나온다.
• 한계가 있다.	• 한계가 없다.
• 올바르게 사용하면 긍정적인 효과를 얻을 수 있지만 남용하면 다른 사람을 무력하게 할 수 있다. • 유연성이 없다.	• 자신의 목표를 달성하는 동시에 긍정적인 인간관계를 이룰 수 있게 해 준다.

리더가 가진 파워

공식적 집단은 '공통의 목표'를 효과적으로 달성하기 위해서 '명확한 조직의 구조'를 갖는다. 핵심은 '리더'와 '구성원'의 지위를 명확하게 하는 것이다. 이를 통해 리더는 공식적인 파워를 갖고 영향력을 행사할 수 있다. 리더는 구성원에게 필요한 과업을 분담시키고 지시와 조정 등의 '공식적 개입'을 할 수 있다. 리더가 행사하는 영향력의 원천은 '직위Position'에서 유래하는 것이 가장 전통적이다. 과거 전제적 군주제도 또는 권위적 조직에서는 리더가 '보상과 강제' 수단을 통해서 '영향력'을 행사하기 쉬웠다. 구성원들은 그 '권위'를 대부분 수용했기 때문이다.

한편 리더는 '개인적Personal' 측면의 힘도 보유한다. 예를 들어 구성원들보다 해당 분야에서 탁월한 전문성과 경험을 보유한 경우가 그렇다. 또한 구성원들의 신뢰와 존경을 받을 만큼 인간적 매력을 보유한 경우 '권위'가 높아진다. 구성원들은 권위 있는 리더의 지시와 개입에 대해서 반대하거나 불만을 갖는 경우가 적다. 개인적 파워는 한계가 존재하지 않으며, 전문성과 솔선수범과 같은 행동을 통해서 키울 수 있다.

리더의 소통 스킬

리더십을 이해관계자의 행동에 미치는 '영향력'이라고 정의했듯이, 리더의 관점보다는 상대방이 인식하고 느끼는 것이 훨씬 중요하다. 다시 말해 '리더가 보유하고 있는 파워'가 높더라도, 이해관계자의 행동에 미치는 '영향력'은 차이가 발생한다. 그 변수는 리더의 소통 스킬이다.

실제 리더십은 '관계 속에서 일어나는 소통'을 통해서 발휘된다. 리더는 마주하는 상황의 소통 목적을 명확히 수립해야 한다. 상대방과 감정과 정보를 공유하거나, 상대방을 설득하는 것이 주된 목적이 된다. 리더의 소통은 대부분 설득을 목적으로 한다. 그러므로 상대방의 요구와 욕구를 고려한 매력적인 메시지를 구성할 수 있어야 한다. 전달 방식도 구체적인 수용과 행동을 이끌어 낼 수 있어야 한다.

이상에서 살펴본 바와 같이, 인간과 사회가 존속하는 한 '집단을 통한 협업'은 변하지 않을 것이다. 리더십은 다양한 집단의 목표를 보다 효과적이고 효율적으로 달성하도록 이끄는 데 꼭 필요하다. 리더십의 효과성은 리더가 갖고 있는 파워와 소통 스킬에 영향을 받는다. 누구나 노력하면 훌륭한 리더 역할 수행에 필요한 리더십을 개발할 수 있다.

디지털 세상에
적합한 리더십은 무엇이고, 어떻게 개발해야 할까?

2장

검증된 리더십 행동일지라도, 발휘하는 상황에 적합해야 기대하는 효과성을 얻을 수 있다. 집단의 리더 입장에서는 '목표 달성을 위한 전략과 구성원이 함께 일하고 시너지를 내는 방법'에 영향을 미치는 환경요인을 보다 면밀하게 파악해야 한다. 전통적인 리더십과 달리 새로운 디지털 환경에 적합한 리더십이 무엇인지 살펴보고, 이를 효과적으로 개발할 수 있는 방법에 대해 소개하겠다.

1

디지털 세상이 주도한
새로운 가치

정보통신기술(이하 ICT)의 비약적 발전은 시간과 공간, 그리고 문화적 장벽이 있는 인간까지 새롭게 정의하고 있다. 모든 나라와 주요 기업들은 디지털사회로의 전환Digital Transformation을 가장 중요한 핵심과제로 상정하고, 이를 위한 다양한 활동을 추진하고 있다. ICT가 이끄는 디지털 세상은 과거의 생활양식을 지속적으로 바꾸었다. 이를 통해 새로운 가치가 대두했는데, 여기서는 크게 3가지로 요약해 설명하겠다.

협업과 집단지성의 중요성 대두

디지털 세상으로의 전환 과정에서 맞이한 코로나 팬데믹 위기는 과거에 경험해 보지 못한 복잡하고 예외적인 문제들을 마주하게 만들었다. 이미 오랫동안 사용하던 매뉴얼과 전문가의 경험으로도 해결할 수 없는 '낯선 상황'이 일상이 되었다. 이를 뉴노멀New Normal 시대라 부른다.

기존의 지식은 더 이상 유효하지 않게 되었다. 실제 연구 결과 지식의 반감기는 더욱 짧아지고 있다. ICT 덕분에 전 세계는 과거보다 훨씬 더 가까워지고 좁아지게 되었다. 나와 전혀 상관없다고 생각했던 미국과 러시아의 갈등 상황이 실시간으로 일상에 영향을 주고 있다. 전 세계는 24시간 쉴 새 없이 복잡한 이슈에 민감한 동조현상을 보이고 있다. 빛의 속도로 다양한 정보가 투명하게 공유되고 있다. 과거보다 더욱 변동성Volatility이 높고 변수가 많아 예측하기 힘든 불확실성Uncertainty이 증가했다. 게다가 단순한 인과관계가 아닌 다양한 요인이 영향을 주고받는 복잡성Complexity도 높아졌다. 확신을 갖고 판단하기 어려운 모호성Ambiguity도 증가하였다. 이게 바로 뷰카VUCA이다.

이처럼 개인이나 조직이 해결하기 어려운 전 지구적인 이슈가 증가하기 때문에, 공동 협의체를 구성하여 기준과 대안을 마련하기도 한다. 환경Environment과 사회Society의 복잡한 이슈 해결을 위해 국제적인 조정Governance 기구를 통해 협력하기도 한다. 최근 이런 ESG 경영이 주목을 받고 있다.

특히 지구환경과 생명공학 그리고 우주개척 분야에 대해서는 적대적 관계에 있는 국가들도 협업한다. 이미 성공적으로 완료된 '인간게놈 프로젝트'가 좋은 예이다. 그리고 지금도 연구가 진행 중인 미래의 에너지 개발을 위한 '국제핵융합실험로(ITER사업)'와 '우주정거장 건설' 프로젝트 등이 있다. 최근 코로나 팬데믹에 대한 대응도 비슷했다. 전 지구적인 '협업'을 통해서 역사상 유래 없는 속도로 극복하고 있다.

다수의 지혜를 모으는 것이 탁월한 소수에게 의존하는 것보다 훨씬 효과적이라는 사실이 끊임없이 입증되고 있다. 이게 바로 '협업을 통한 집단 지성 발휘'다. 제한된 시간 아래 복잡한 문제를 해결하기 위해서는 '과거

지식에 대한 기억력'보다 '새로운 관점의 창의력'이 훨씬 중요한 가치가 되었다.

비슷한 관점과 배경을 가진 사람들의 협동과 분업을 넘어서, 서로 이질적인 배경을 가진 구성원들이 모일 때 더욱 큰 '집단지성과 시너지'를 발휘할 수 있다. 이런 낯설고 불편한 상황들을 효과적으로 극복하는 과정에서 '진정한 학습과 성장'도 일어난다.

실제 전통적인 제품과 서비스 산업이 ICT와 빠르게 융합하면서, 날마다 새로운 비즈니스가 출현하고 있다. 얼마 전 기획재정부의 보고서에 따르면, 서비스 산업은 우리나라 산업의 부가가치 60%와 일자리 70%를 차지하고 있다. 이런 구조는 앞으로 더욱 심화될 것이며, 지식정보서비스 비중도 더욱 증가할 것으로 예상하고 있다.

특히 플랫폼 비즈니스는 이미 우리의 일상이 되어 버렸고, '만물 서비스업으로의 진화'를 가속화하고 있다. 전 세계는 이미 하나의 시장으로 경계가 허물어졌으며, 거대 빅테크 기업들인 넷플릭스, 구글, 페이스북, 애플 등의 생태계에 익숙해졌다. 전통적 자본과 설비 등 유형의 자원보다는 ICT 전문성과 창의적 아이디어만 있으면 되기 때문에 중국과 인도 등 전 세계 여러 나라에서 유니콘 기업들이 늘어나고 있다.

요약하자면, 변화에 빠르게 적응하고 기회를 선점하기 위해서는 '기억력'보다는 '창의성'이 훨씬 중요한 가치가 되었다. 이를 위해서는 동종의 유사한 사람들과의 교류보다는 낯설고 이질적인 '이종 간의 협업'을 통한 집단지성이 훨씬 중요해졌다.

개개인의 다양성 확대

에드워드 홀Edward Hall은 동양과 서양의 문화적 특징을 비교 관찰해서, 고맥락과 저맥락으로 설명한 바 있다. 동양사회는 전통적으로 농경사회를 중심으로 집단주의 문화를 형성했기 때문에 집단의 구성원들이 서로 공유하는 것들이 많았다. 예를 들어, 언어와 식습관 그리고 가족제도 등에서 '서로 구체적으로 표현하지 않아도 이미 알고 있을 것'이라는 암묵적인 전제를 갖고, 상세한 설명보다는 표정과 상황으로 메시지를 주고받았다.

이와 대조적으로 서양문화는 유목사회를 중심으로 서로 공유하는 것이 적은 사람들이 만나서 교류하며 발전해왔다. 소통 과정에서는 '내가 알고 있는 것을 상대방이 모른다'는 가정 아래, 매우 구체적이고 충실하게 메시지를 주고받았다.

ICT가 이끈 디지털사회로의 전환과 코로나 팬데믹 상황은 우리 사회의 생활양식을 서구와 비슷한 '저맥락' 상황으로 급격하게 전환시켰다. 소통의 상대방과 공유하는 것이 적기 때문에, 속도가 느려지고 감정 공유가 어려워졌다. 특히 사회적 거리두기와 재택근무, 비대면 수업 등은 사람들의 고립감과 불안감을 심화했다.

청년 계층의 N포 세대 증가와 고령화로 1인 가구가 급증하게 된 것도 주목할 필요가 있다. 이러한 생활양식을 고려한 제품과 서비스가 판매되기 시작했는데, 이런 경제를 '1코노미'라고 부른다. 철저하게 개인의 필요에 맞춘 매력적인 상품들을 모바일로 매우 빨리 구매할 수 있는 환경이 되었다.

개인의 고유한 취향을 고집하며 살아가도 어렵지 않도록, SNS와 1인 미디어를 통해서 시공간의 경계를 넘어 취향 및 가치관이 비슷한 사람과 교류할 수 있게 되었다. 영화 〈라라랜드〉를 보며, 현실에서 자신만의 '나나랜드'를 구축할 수 있게 되었다. 결국 타인과 복잡한 관계를 맺지 않고도 대부분의 일상을 혼자 해결할 수 있는 세상이 도래한 것이다.

〈지금은 맞고 그때는 틀리다〉라는 영화를 본 적이 있는가? 실제 현실에서 어렵지 않게 찾아볼 수 있는 사례가 '법의 변화'다. 예를 들어, 과거 처벌했던 '양심적 병역거부'는 더 이상 처벌하지 않는다. 헌법재판소의 판결에 따라서, '자신의 양심에 따라 병역을 선택할 수 있는 권리'가 존중받게 되었다. 최근에는 더 나아가, '개인적 신념에 의한 병역거부'를 인정한 사례도 등장했다. 이유가 무엇이라고 생각하는가? 헌법재판관의 다수 의견이 '인정하는 쪽'으로 판단이 기울어졌다. 우리 사회의 구성원 다수가 '공감'하고 있다는 사실을 반영했기 때문이다. 그리고 법적 절차를 통해 '합의'했기 때문에, 공식적인 사회 변화를 이끌게 된 것이다.

이를 조금 더 확대해서 생각해보면 좋겠다. 우리가 속한 다양한 집단도 동일하다. 집단이 설립 당시의 구성원들이 아닌, 새로운 구성원들이 다수를 차지하게 되면 결국 그들의 가치가 '집단의 가치'에 반영되기 마련이다. 그러므로 새로운 구성원들이 중요하게 생각하는 '가치'가 무엇인지 잘 이해하는 과정이 꼭 필요하다. 그래야 사회 변화를 예측할 수 있으며 효과적으로 대응할 수 있다.

무엇보다 비즈니스의 왕성한 활동 주체로 급격히 증가하는 디지털 네이티브Digitatl Native 이야기를 빼놓을 수 없다. 디지털 네이티브란 개념은 미국 교육학자 마크 프렌스키Marc Prensky 교수가 2001년 처음 사용하였다. 인터넷과 모바일 기기가 보편화된 사회에서 태어났거나 성장기를 보낸 세대를 의미한다. MZ세대와 비슷하지만, 출생 시기로 구분한 것이 아니므로

'문화적 특징'을 구체적으로 설명하는 데 유용한 개념이다. 우리나라로 보면 90년도 초반에 출생하거나 성장기를 보낸 성인들로 볼 수 있다.

디지털 네이티브의 큰 특징은 무엇일까? 인간의 성격과 가치관 형성에 큰 영향을 주는 것은 성장기의 결정적 경험이다. 그들은 책보다는 영상으로 외부의 정보를 습득했다. 구체적인 관계와 경험보다는 '모니터'를 통해 세상을 인식했다. 다양한 사람들과 직접적인 소통과 경험을 하기보다는 간접적인 경험으로 대체하는 경우가 높았다. 성인이 되어 '학습하는 방법'도 비슷했다.

또한 그들은 유년시절부터 경쟁과 시험에 익숙한 환경에서 성장했다. 학창시절 학원과 과외 등 입시 위주의 주입식 교육을 많이 받아왔다. 성인이 되어서는 이미 고도화된 사회의 저성장 비고용 환경과 급속한 노령화 추세에 따라 양질의 일자리를 구하기도 어려운 상황을 경험했다. 일자리와 가정을 이루는 삶의 가장 중요한 경험 가운데 '아무리 노력해도 불가능하다'는 인식도 적지 않다. 이를 반영한 표현이 'N포 세대'이다.

그들의 성장과정 중 주요 경험을 돌아보면, 1997년 IMF와 2008년 금융 위기 등을 성장기와 청년기에 경험하였다. 과거 선배들은 '어제보다 나은 미래'가 있다는 희망이 전제되었다고 보면, 디지털 네이티브들은 '부모 세대보다 가난한 첫 세대'로 볼 수 있다.

이런 과정은 승자독식의 경쟁사회에서 '개인주의적 관점'을 더욱 강화했다. 집단과 공동체를 생각하기에는 '생존의 불안'이 너무 큰 과제로 다가왔다. 코로나 팬데믹 상황에서 자산 투자 열풍의 큰 비중을 차지한 것이 MZ세대의 영끌과 빚투였다는 뉴스도 있었다.

먼 미래의 희망에 대한 설렘보다는 불안한 사회 속에서 자신과 가족의 안전을 지키는 것이 가장 중요한 가치가 되어 버렸다. 사회공동체와 인류의 숭고한 가치를 지향하는 것도 좋지만, 구성원 입장에서는 자신에게 구체적으로 어떤 혜택Benefit이 돌아올지에 관심이 더 크다는 점을 유념할 필요가 있다.

'책'보다는 '영상 미디어'가 친숙하다. 시각과 청각 중심의 소통에 익숙하기 때문에 '감각적이고 감성적' 반응의 비중이 높다. 문자의 경우 '사색과 상상력'의 과정이 꼭 필요하지만 영상은 그럴 필요 없이 '직관적 이해'가 가능하기 때문이다. 실시간으로 정보를 주고받는 것에 익숙해 있기 때문에 빠르고 간결한 소통 방식을 선호한다. 피드백과 반응이 느리면, 다르게 오해할 가능성이 높아진다.

디지털 네이티브는 SNS와 온라인상에서의 비대면 소통을 편안하게 생각한다. 익명성을 전제로 다양한 사람들과 네트워크를 맺고 있지만, 깊이 있는 관계를 만들고 유지하는 데 어려움을 호소하기도 한다.

다양한 사회적 이슈에 대해서 자신의 의견을 강하게 표출하는 데도 익숙하다. 이를 미닝아웃Meaning Out이라 한다. 실제 2000년대 이후 광장에서의 응원과 촛불시위 등 다양한 역사적 사건에 직접 참여한 경험이 있기 때문에, 집단의 중요한 이슈에 '직접 참여하고 싶은 욕구'가 높다.

이를 요약하자면, 디지털 세상은 철저하게 개인화된 삶이 구현 가능한 현실이 되었다. 자신이 원하는 삶을 살아가며 경제활동을 할 수 있게 되었다. 디지털기기와 네트워크만 연결되면, 전 세계 어디서든 경제활동이 가능하다. 특히 디지털 네이티브는 디지털 세상의 원주민으로 과거 아날로그 이주민들과 다른 소통 방식과 가치관을 가지고 있다. 우리가 경험한 과거 어느 시대보다 다양성이 확대되었다. 앞으로의 세상은 더욱 그들의 가치를 반영하게 될 것이다.

법과 계약을 기반으로 한 수평적 사회로의 급속한 전환

크몽이나 탈잉 플랫폼을 들어본 적이 있는가? 이미 오래전부터 자신이 보유한 자산이나 물건 등을 시장에서 교환하는 방식은 익숙하다. 그러나 개인의 재능이나 전문성을 거래할 수 있는 '노동시장'은 부족했다. 변호사, 회계사, 동시통역사, 건축가 등 소수의 전문가들에게만 허락되어 왔다. 최근에는 배달과 대리기사 등 플랫폼노동자, 프로젝트와 단기계약으로 일하는 컨트랙터와 프리랜서 등 다양한 방식으로 경제활동이 가능해졌다. 진정한 디지털노마드Digital Nomad, 유목민의 커리어가 가능한 세상이 되었다.

자신이 원하는 자유로운 삶을 살면서 필요에 따라서 느슨한 관계를 토대로 경제활동을 할 수 있게 된 것이다. 대규모 조직의 경우도 외부 전문가의 도움을 받는 아웃소싱과 컨설팅 영역이 더욱 확대되고 있다. 같은 직장에서 근무하는 동료라 해도, 고용관계가 서로 다른 경우도 증가하고 있다.

근로 계약을 통한 일터에서의 관계 시작

임금청구권

인격권

근로자

- 성실근무, 선량한 관리자로서 주의의무
- 비밀유지의무
- 명예나 신용을 손상하지 않을 의무
- 신분변동이나 회사관련 특정사실이나 정보의 고지의무

노무지휘권

시설관리권

인사권징계권

사용자

보호의무/배려의무/성희롱방지의무

출처: 강의 교안

노동시장에서 '고객의 선택을 받을 수 있는 경쟁력을 갖춘 인재'는 선택의 폭이 훨씬 넓어진 셈이다. 근로자 입장에서도 '합리적인 보상'과 '거래조건'이라는 판단이 들면 계약을 체결하고 일하는 것이다. 마음에 들지 않으면, 언제든지 더 좋은 조건의 상대방을 찾아 일하기도 한다. 과거 어느때보다 법과 계약을 기반으로 관계가 형성되고 소멸하게 되었다.

계약의 경우 거래 상대방과 교환하게 되는 것으로 권리와 의무를 명확하게 규정하고 있다. 덕분에 구성원 입장에서 과거보다 더 많은 자유를 누리게 되었지만, 책임도 보다 엄격하게 되었다. 게다가 최근 노동관련 법규 등 사회적인 법의 방향이 '조직 내에서의 수평적 관계'를 명확한 법조문에 반영하고 있다. 예를 들어, 일터에서의 인격권 존중에 관한 법규와 블라인드 채용, 주52시간 법규, 개인정보보호와 정보공개청구권 등이 이러한 사회적 가치를 잘 보여준다.

이는 분명 일터에서의 수평적 관계를 보장하며, 약자를 보호한다는 가치를 반영한 긍정적인 조치다. 반면 계약과 이익을 중심으로 하기 때문에 관계의 깊이가 낮아지게 된다는 우려도 존재한다. 최근 국내 유수의 반도체회사와 플랫폼 기업의 CEO가 인센티브와 회사 정책 등을 주제로 직원들과 온라인상에서 직접 소통한 사례는 이를 잘 설명한다. 구성원들은 구체적이고 합리적인 이유에 대해 설명을 당당히 요구한다. 이해관계가 복잡하게 얽혀 있기 때문에 리더는 집단 구성원에게 절차를 투명하게 공개하고 공정성을 확보해야 한다. 구성원은 그것에 대해 충분히 공감하고 납득해야 동의하고 몰입한다.

요약하자면, 집단과 구성원의 관계가 과거 '암묵적인 신뢰'가 기반이었다면 이제는 '명시적인 규칙'을 통해 형성된다. 상호 권리와 의무를 나누어지는 '수평적 관계'를 지향하고 있다. 특히 이해 충돌 상황에서 합리적 근거 제시와 충실한 양방향 소통 과정이 과거보다 더욱 중요해지고 있다.

디지털 세상이 요구하는
새로운 리더십

디지털 세상의 외부 환경과 구성원의 변화를 고려해 볼 때 기존 리더십 행동에서 더욱 강조하거나 새롭게 주목해야 하는 내용은 다음과 같다.

- 공감 능력과 비대면 저맥락 상황에 적합한 소통 스킬

리더와 구성원 모두 불안한 정서를 이해하고 적합하게 대응할 수 있어야 한다. '불안'은 생존에 대한 방어기제를 무의식적으로 사용하게 만든다. 비대면 저맥락 상황을 고려한 '감정 소통'의 스킬이 더욱 중요해졌다. 논리와 이성을 기반으로 한 소통으로는 부족하다. 구성원의 공감을 이끌어낼 수 있어야 한다.

또한 더 자주, 빠르게 소통해야 한다. 이를 위해 소통의 형식과 절차를 간소화하거나 없애는 등의 노력이 필요하다. 무엇보다 구성원들이 선호하는 소통 방식을 선택해야 한다. 구성원 입장에서 필요한 정보와 설득 논거를 최대한 충실히 제공해야 한다. 일방향이 아닌 양방향 소통이 중요하다.

구성원의 의견을 물어주고, 인정하는 절차를 만들어야 한다.

- 집단지성과 집단 의사결정을 효과적으로 이끌 수 있는 퍼실리테이션 스킬

과거의 훌륭한 경험과 지식을 갖춘 리더의 전문성이 더 이상 리더십에서 큰 영향력을 발휘하기 어렵다. 리더조차 명확한 방향이나 해결 방안을 제시할 수 없는 상황이 일상이다. 그러므로 집단 구성원의 다양한 지혜를 모아서 해결 방안을 빠르게 만들어낼 수 있는 '집단지성을 이끄는 스킬'이 더욱 중요해졌다.

게다가 다양성 속에 잠재하는 '갈등과 이해 충돌' 가능성이 증가해졌다. 서로 다른 입장과 이해관계를 조율하고, 공감을 통해 합의를 이끄는 스킬이 더욱 필요해졌다. 철저하게 수평적 관계를 바탕으로 자유롭게 서로 다른 의견을 공유하고, 공동의 의사결정을 이끌어 낼 수 있어야 한다. 참여를 통해, 공정성을 확보하고 실행력을 높여야 한다.

- 거래적 관계에서 가치를 교환하는 신뢰관계로 이끄는 스킬

집단의 목표는 달성하지만 구성원이 번아웃 되는 일이 없어야 한다. 리더는 집단의 목표 달성뿐 아니라, 구성원의 개별적 기대의 충족을 도와야 한다. 장기적 관점에서 윈윈할 수 있는 가치가 무엇인지 탐색하고 제안할 수 있어야 한다.

구성원에게 금전적 보상 이외에 다양한 것을 구체적으로 제공해야 한다. 예를 들어, 과업 추진 과정 중 자율성을 확대하거나, 일의 의미를 충실히 설명하거나, 성장 기회를 제공하거나, 의사결정기회에 참여하도록 돕는 것을 생각해 볼 수 있다.

무엇보다 불안한 상황에 있는 구성원들에게 '심리적 안전감'을 제공해야 한다. 소통 과정에서는 '예측 가능성'을 높일 수 있도록 일관된 메시지를 전달해야 한다. 구성원의 혜택이 되는 약속사항은 반드시 지키되, 변화된 상황에 대해서는 즉시 업데이트해주어야 한다. 과업 실행과 관련해서는 '자율성을 최대한 인정'해주어야 한다. 리더와 다른 의견을 표출할 수 있도록 분위기를 형성해야 한다. 필요하다면 익명성을 확보해주는 것도 방법이다. 새로운 시도를 장려하되, 실패에 대한 책임을 묻지 않아야 한다. 리더 입장에서는 사전에 충분히 성공할 수 있도록 도움을 미리 제공하는 것에 초점을 두어야 한다. 실패에 대해서 훌륭한 교훈을 이끌어 내고 새로운 기회를 제공할 수 있어야 한다.

- 리더의 변화 관리 스킬

지금까지 소개한 새로운 리더십은 모두 '디지털 세상으로의 전환' 과정을 성공적으로 이끄는 데 필요한 리더십이다. '난세에 영웅이 난다'는 말이 있다. 일터와 삶터 전반에서 우리는 엄청난 변화를 겪고 있기 때문에, 집단차원에서도 변화를 민첩하게 이끌 영웅인 리더가 필요하다.

리더는 변화 환경에 대한 호기심과 관찰을 토대로 새로운 기회와 위협이 무엇인지를 파악하고, 적합한 변화 아젠다를 발굴할 수 있어야 한다. 그리고 새로운 변화 목표를 달성하는 과정에서 구성원의 공감과 참여를 이끌어내야 한다.

모든 변화에는 크고 작은 '저항'이 반드시 발생한다. 저항의 대부분은 '실제로 발생할 가능성'이 낮다. 결국 이를 효과적으로 극복하는 방법은 '명

확한 방향 제시'와 '반대 의견을 설득'하는 '리더의 소통 스킬'로 다시 귀결
된다. 실제 리더십은 '관계 속에서 이루어지는 상호작용', 다시 말해 '소통'
을 통해 발휘된다.

보편적 리더십
개발 전략

어떤 지식을 학습해야 할까?

학습이란 지식을 습득하는 과정을 의미한다. 그럼 지식은 무엇일까? 지식을 이해하기 위해서는 지식 생성 과정을 이해할 필요가 있다. 인간은 다양한 경험과 관찰 속에서 데이터를 수집한다. 어떤 데이터는 숫자로 측정하기 쉽지만, 그렇지 않은 경우도 존재한다. 우리는 이렇게 수집한 데이터 중에서 가치 있는 것들을 정리해서 유용한 정보를 만든다. 날씨 정보, 교통 정보, 주식 정보, 건강 정보 등이 바로 그것이다. 이런 정보들을 통합하고 추상적으로 개념화하면, 현상을 잘 설명하는 수준을 넘어서 '예측'까지 해주는 매우 유용한 '지식'이 될 수 있다. 지식은 검증되어야 하고, 예외 없이 적용될 수 있어야 많은 사람들에게 받아들여진다. 이를 사회적으로 확대해보면, 각 분야별 교과서에 실려 있는 훌륭한 지식들은 수많은 시행착오와 다양한 반론을 극복했기 때문에 그 위치에 오를 수 있었던 것이다.

지식을 다양하게 분류하지만 학습 차원에서는 '인지적 이해의 대상'이 되는 것과 '절차적 적용'이 되는 것으로 간략히 나눌 수 있다. 역사와 철학 과목의 지식을 학습하는 경우 '우리의 관념 체계'가 확장된다. 이것이 '인지적 측면'이다. 반면 수영과 골프 지식을 학습하는 것은 '실제 수행'할 수 있게 몸으로 체득하는 것이다. 이는 '절차적 측면'이다. 우리는 일반적으로 '인지적/개념적 측면의 지식'을 그냥 '지식Knowledge'이라 부른다. 그리고 '절차적/수행적 측면의 지식'을 '스킬Skill'이라 부른다.

이를 리더십 개발에 적용해보면, '리더십에 대한 개념'을 잘 이해하고 설명할 수 있는 것은 기초적인 단계의 학습에 해당한다. 우리가 지향하는 것은 리더십 상황에 구체적으로 실천하고 적용할 수 있는 '행동 변화'이다. 실제 학습이라는 한자어를 살펴보면 이를 또렷이 이해할 수 있다. 배울 학學, 익힐 습習이므로 새로운 것을 배워 자연스러운 습관으로 만드는 '행동 변화'를 강조한다. 무엇을 어떻게 해야 하는지를 '이해'하는 수준에 머물러서는 안 된다. 더 나아가 적용하고, 새롭게 발견하고 향상하는 것이 목표다.

리더십 개발의 지향점

리더십을 발휘에 꼭 필요한 지식과 스킬은 '최소한의 자격 요건'인 셈이다. 예를 들어, "A책임은 팀장 능력이 있어."라고 말할 때 팀장 역할 수행에 필요한 지식과 스킬을 갖추었다고 보는 것이다. 직무 자격 요건과도 비슷하다. 구체적으로 풀어보면 이런 것들이다. A 회사 연구개발 팀장이 되기 위해서는 정보통신공학 석사학위와 10년 정도의 개발 경험을 보유해야 한다. 국가공인 정보기술사 또는 그에 준하는 자격을 소지해야 한다. 다양한 부서의 이해관계자와 효과적으로 소통하고, 협상할 수 있는 스킬도 필요하다.

우리의 초점은 보통 수준의 리더로서 역할을 수행하는 것을 넘어, 탁월한 수준을 지향한다. 비슷한 경험과 자격을 갖춘 사람이 있을 때, 어떤 사람이 더 탁월한 리더가 된다고 생각하는가?

장기적으로 꾸준히 높은 수준의 리더십을 발휘하는 리더들을 연구해보면, 내적 특성이 훨씬 중요한 것으로 나타났다. 주로 자신의 역할 인식과 자아상 그리고 성격 특질과 동기가 달랐다. 이는 쉽게 관찰이나 측정이 어려운 부분이다. 그래서 리더십 개발에서 자칫 소홀하게 다루는 부분이 되기도 한다.

더러는 장기적 관점에서 쉽게 습득하거나 바뀌기 어려운 것이라는 전제하에 '선발'을 위한 기준으로 활용하기도 한다. 마치 초기 리더십 연구의 '특성' 이론과 비슷하다. 탁월한 리더는 '육성'할 수 있는 것이 아니라, 타고난 것이라는 생각했던 것처럼 말이다.

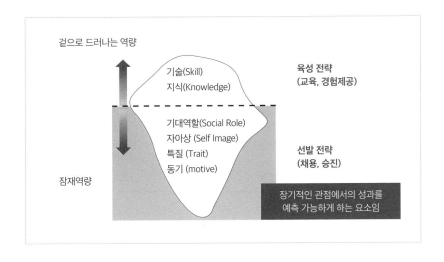

필자는 우리의 타고난 심연의 것들은 바꾸기 어렵다는 점에 동의하지만, '역할 인식'과 '자아상'에 대한 부분은 오랜 시간 노력하면 충분히 개발이 가능하다고 본다. 실제로 최근 뇌를 기반으로 한 다양한 연구에서도 효과적인 전략이 보고되고 있다. 이것을 쉽게 '태도Attitude'라고 이해해도 좋다.

리더십 개발의 지향점은 탁월한 리더의 역할 수행에 필요한 지식과 스킬을 이해하고 적용하는 것에서 시작하되, 장기적 관점에서 태도 함양을 병행하는 것이 꼭 필요하다.

효과적 리더십 개발 전략

사람이 바뀔 수 있다고 생각하는가? 우리는 이 전제에 대한 확신부터 명확히 해야 한다. 필자는 어렵지만 가능하다는 믿음이 있다. 우리의 지식과 스킬이 변화하는 모습을 생각해도 좋다. 오랜 배움의 과정을 통해서 몰랐던 것을 알게 되고 할 수 없었던 것을 수행할 수 있게 되었다. 이는 성인이 되어도 마찬가지다. 새로운 사회환경에 필요한 제도와 문명의 도구를 다루는 방법을 익히게 된다. 악기를 연주하거나, 골프와 수영을 능숙하게 할 수도 있다. 충분히 가능하다.

우리 인간은 새로운 환경에 늘 적응하기 마련이다. 다만 그 필요성에 깊이 공감할 때 효과가 높다. 이것이 '학습 동기'다. 왜 해야 하는지에 대한 명확한 확신 없이는, 의미 있는 학습과 변화를 기대할 수 없다. 즉 '스스로 학습 목표'를 명확히 하는 것이다.

최근 우리 사회는 '리더 기피 현상'이 자연스러워졌다. 이유는 명확하다. 고생은 많이 하지만 인정과 보상은커녕, '욕먹지 않으면 다행'이라는 현실 때문이다. 책임과 부담은 큰 반면, 혜택이 적다고 생각하기 때문이다. 그럼에도 불구하고, '자신의 개인적 삶'과 '가족 구성원으로의 삶'에 리더십이 매우 중요한 역량이라는 점을 강조하고 싶다. 리더십은 '나와 소중한 사람이 원하는 삶'을 이루도록 다양한 관계에서 '영향력을 발휘'하는 데 꼭 필요한 기술이다. 복잡한 조직에서의 공식 역할 수행을 위한 것을 넘어선다. 충분히 '이문이 남는 학습'이 분명하다.

첫째, 경험보다 훌륭한 학습 기회는 없다.

당신은 언제 가장 많이 성장했다고 생각하는가? 이 질문을 해 보면, 비슷하게 답변하는 내용이 있다. "새로운 문제를 해결하는 과정에서 성장했다", "아무도 책임져 주지 않는 상황에서 홀로 감당하는 과정에서 성장했다", "실패와 시행착오를 통해서 성장했다" 이런 답변의 공통점은 '경험을 통한 학습'이다.

이를 잘 구조화한 것이 70-20-10 법칙이다. 이는 세계적 권위를 가진 리더십 개발 기관인 CCLCenter for Creative Leadership이 제시한 모델이다. 리더십 개발에 효과적인 방법에서 실제 일을 수행하는 과정에서 경험한 것과 비공식적 상호작용을 통한 학습이 90%를 차지한다.

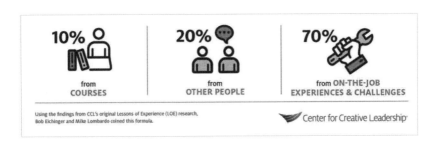

많은 유수의 기업에서 리더 육성 전략으로, 액션러닝Action Learning 프로그램을 도입하는 것도 같은 관점이다. 준비된 리더들에게 '복잡한 실제의 과제를 부여하고, 팀을 통해 해결하는 경험'을 제공하는 것이다.

조직의 진짜 이슈라는 측면에서 '과제 해결과 성과 기여'를 기대할 수 있다. 무엇보다 액션러닝 프로젝트 팀은 의도적으로 다양한 배경을 가진 사람들로 구성한다. 참가자들은 이를 통해 새로운 관점을 이해하고 소통을 통해 합의를 이끄는 구체적 경험을 할 수 있다.

또 하나 주목할 부분은, '자신의 직접 경험'만을 기준으로 좁게 해석하지 말아야 한다. 타인의 경험과 가상의 경험도 매우 효과적인 학습 재료가 될 수 있다. MBA 과정이나 리더십 개발프로그램에서 경험하는 사례학습Case Study이 바로 그것이다. 최대한 다양한 경험을 나의 것으로 만들어내는 노력은 매우 효과적인 학습 전략이 된다.

둘째, 경험을 지식으로 만드는 학습 전략이 성찰이다.

〈서민 갑부〉, 〈생활의 달인〉이라는 TV 프로그램을 본 적이 있는가? 출연자들은 보통 사람들과 비슷한 자영업을 하지만 성과 면에서는 탁월한 차이를 보인다. 그들처럼 소위 성공한 사람들에게는 몇 가지 공통점이 있다. 남다른 열정과 꾸준한 노력이 늘 병행되었다. 운이 좋아 성공할 수도 있겠지만, 실력이 없는데 성공한 사례를 한 건도 보지 못했다. 그분들은 '같은 일을 같은 방식으로 하지 않는다'는 공통점이 있다.

다양한 실험과 도전, 경험을 축적한다는 측면은 오랜 시간 비슷한 일을 해온 사람들과 차이점이 없다. 다만 그분들은 '경험을 복기'하는 '성찰'의 시간을 꾸준히 갖는 특징이 있다. 동일한 실수를 반복하지 않기 위한 노력을 기울인다. 남들이 과소평가하는 미세한 절차와 차이를 정교화하기 위해서 자신만의 도구와 방법을 정립한다.

* 왔던 길을 다시 가 보는 Revisit
* 실행한 결과를 다시 떠올려보는 Review
* 바람직한 기준에 비추어 비교해 보는 Reflect

이것이 '경험'을 소중한 '지식'으로 바꾸는 학습 전략인 '성찰'이다. 자신만의 고유한 방식을 정립하고 최적화한다는 것은 '새로운 지식을 재구성하고 창조'하는 과정과 같다. 이를 위해 막연한 경험을 구체적인 모습으로 정리하는 작업이 효과적이다. 예를 들어, STAR 모델을 통해 경험을 구체화하는 것이 효과적이다.

구분	세부 내용	예시
Situation	구체적인 상황 묘사	2022년 4월 10일, 장애 발생으로 고객 불만이 폭증했을 때
Task	수행 목표와 과업	신속히 장애를 복구하기 위해
Action	실행한 행동	보조시스템을 가동하고, 복구와 고객 응대에 인력을 추가 투입하였고
Result	결과	결과적으로 2시간 만에 문제를 해결하고, 고객을 안심시켰다.

이를 토대로 몇 가지 질문을 순서대로 던지는 것이다. 스스로에게 해도 좋고, 집단 구성원들과 함께해도 좋다.

질문	검토 초점
목표 수립 시에 기대했던 것은 무엇인가?	* 최초 목적 * 세부 달성 목표 * 상기 내용에 대한 명확한 인지 여부
실행 후 발생한 결과는 무엇인가?	* 실제 발생한 결과 측정 * 고객과 이해관계자의 반응 (만족/불만)
이런 결과가 나타난 원인은 무엇인가?	* 예상했던 결과와 실제 발생한 결과의 차이(Gap) * 결과에 대한 평가 (긍정/부정) * 결과의 근본 원인 파악
향후 개선하거나 확대 적용할 것은 무엇인가?	* 이 경험을 통해 새롭게 알게 된 사실 * 이 경험을 통해 새롭게 느낀 점 * 향후 업무 진행 시에 적용할 부분

경험을 가치 있는 지식으로 만드는 과정인 '성찰 학습'은 리더가 갖추어야 하는 좋은 습관이 분명하다. 이를 위한 구체적인 습관화 방법은 별도의 장에서 심도 있게 다루겠다.

이 책의
리더십 학습 전략

성공적 리더 역할에 꼭 필요한 3가지 학습

훌륭한 리더는 집단의 성과를 중심으로 평가받는다. 탁월한 집단을 선발하는 기준은 '구체적인 성과'다. 하버드대 조직심리학 교수였던 해크먼 Richard Hackman 교수는 효과적인 팀Effective team은 3가지 측면에서 긍정적인 성과가 있다고 보고했다.

첫째, 탁월한 집단의 가장 중요한 성과는 '목표달성 Performance Achievement**'이 분명하다.** 집단 구성원 전체가 간절히 바라는 결과를 이끌어 내야 한다. 집단이 장기적으로 추구하는 미션과 비전, 그리고 단기적으로 설정한 목표를 달성하는 것이 가장 중요하다. '목표' 자체가 집단이 존재하는 이유이기 때문이다.

둘째, 그 과정에서 '구성원 개인의 목표 Individual Needs**'도 달성해야 진짜 성공으로 볼 수 있다.** 예를 들어, 류현진 선수는 자신이 속한 야구팀의 우승에 주목한다. 그러나 자신이 진짜 원하는 것은 '더 큰 리그로 진출하거나,

몸값을 높이거나, 실력을 키우는 것'이 될 수 있다. 팀은 우승했지만 개인적 욕구를 충족하지 못했다면, 진정한 의미의 성공이라 이야기하기 어렵다. 더러는 '재주는 곰이 부리고, 돈은 다른 사람이 취한다'며 자조적 이야기를 하기도 한다. 조직은 꾸준히 성장하는데, 구성원은 번아웃이 된다면 올바른 성공이라고 말할 수 없는 것과 같은 이치이다. 탁월한 집단의 리더는 '구성원과 윈윈'을 추구한다.

셋째, 집단이 꾸준히 발전해야 한다. 다양한 사람들이 보다 효과적이고 효율적으로 일할 수 있도록 프로세스를 향상하고, 변화환경에 적합하도록 최적화해야 한다. 만약 집단의 목표도 달성하고, 개인도 만족했지만 '다음 번 또는 내년'에 활용할 자원과 프로세스가 소진되었다면 어떨까? 탁월한 집단은 '한번의 성공'에 그치는 법이 없다. 이후에도 변함없이 '높은 수준의 결과'를 이끌어내는 프로세스와 문화를 가진다. 목표 달성 과정에서 습득한 정보와 지식을 토대로 보다 높은 수준으로 일하는 문화를 구축할 수 있어야 한다. 훌륭한 농부는 '한 해 농사'가 끝이 아님을 잘 알고 있다. 이후에도 지속적인 수확을 위해 밭과 농기구를 정비하기 마련이다.

집단의 목표 달성, 구성원의 만족, 프로세스의 향상 이 세 가지는 상호 긴밀하게 연결되어 있다. 존 어데어John Adair의 실행 중심 리더십 모델이 바로 그것이다. 이 책에서는 집단의 특징과 무관하게 반드시 수행해야 하는 리더십 역할에 초점을 두고자 한다.

리더 역할 수행에 활용되는 공통 기반 스킬 2가지 학습

앞서 소개한 바와 같이 모든 리더의 핵심 역할은 '목표 달성'과 '구성원 몰입' 그리고 '프로세스 향상'에 있다. 아무리 양보해도 포기할 수 없는 부분이다. 역할 차원으로 보면 구분되는 개념이지만, 실제로는 리더의 일상적 관계와 소통의 장면에서 발휘된다. 그러므로 다양한 상황과 역할 수행에 공통적으로 적용되는 스킬을 향상시키는 것은 '리더십 역량'을 높이는 데 도움이 된다. 이를 세분화해보면, 의사소통과 의사결정으로 나눌 수 있다.

첫째, 의사소통 스킬이다.

리더는 집단 구성원들과 다양한 주제를 가지고, 상황에 따라 적합한 소통을 해야 한다. 그 초점은 '명확성'을 높이는 데 있다. 집단이 함께 추구하는 '목표'와 '각자의 역할'을 명확히 소통해야 한다. 목적에 따라서, '설명'도 하지만 '설득'이 필요한 상황도 적지 않다. 훌륭한 리더는 타인을 효과적으로 설득하는 스킬을 갖추어야 한다. 일대일 관계로 소통하는 것과 다수를 대상으로 소통하는 경우도 있다.

리더의 소통은 회의, 면담, 발표, 설명, 지시 등 다양한 유형이 있다. 인간 행동의 특징을 고려해 볼 때, '논리와 이성적 접근'으로 충분할 것 같지만 실제로는 '감정과 감성적 접근'이 우선 조건이 된다. 이처럼 리더의 소통 스킬은 매우 일상적이고 빈번하다. 흔히 말하는 리더십 스타일은 소통 스킬이 결정한다. 과업 측면의 주제이든 관계 측면의 주제이든 '리더의 메시지와 전달 방식'은 그 효과성을 좌우하는 중요한 스킬이 분명하다.

둘째, 의사결정 스킬이다.

어떤 이는 인생을 'ABCD'라고 표현했다. '삶이란, 자신의 출생Birth에서 죽음Death까지 자신의 태도Attitude를 기반으로 선택Choice한 결과다'. 나름 설명력이 높지 않은가? 삶에 의사결정이 중요하다는 점을 말해 준다. 그 선택의 기준이 '주관적인 가치와 태도'라는 점도 주목할 필요가 있다.

집단도 마찬가지다. 본래의 목표를 위해 설립이 되었지만, 그 여정은 '기회를 극대화'하고 '위협을 회피'하기 위한 일련의 의사결정으로 채워져 있다. 그 결정들이 차곡차곡 쌓여 결과를 만들어 내게 된다. 이처럼 개인과 집단 차원 모두 '의사결정'은 매우 중요한 스킬이다. 특히 집단 차원의 결정에는 다양한 이해 충돌이라는 대립과 갈등을 극복해야 하는 과제가 있다. 집단의 다양성은 역동성을 이끄는 장점이 되지만, 합의를 이끄는 과정에는 매우 힘든 걸림돌이 되기도 한다. 따라서 리더는 '집단의 공감과 합의'를 이끌어내는 의사결정 스킬이 필요하다.

실제 리더의 역할 수행 과정에서 '의사결정과 의사소통'이 같은 형식으로 동시에 진행되기도 한다. 목적과 상황에 따라 다른 이름으로 부르겠지만, 기반이 되는 스킬은 일치한다는 점에서 효과적인 리더십 개발 전략이 될 수 있다.

리더의 자연스러운 행동과 지속 성장을 위한 실천 방법 학습

집단의 구성원들이 함께 과제를 해결하고, 시너지를 추구하는 과정은 일상의 자연스러운 상호작용으로 볼 수 있다. 리더는 외부의 다양한 자극을 보다 객관적으로 인식하고 행동할 수 있어야 한다. 대부분 다양한 이해관계자와의 소통 과정은 '무의식적 반응'에 따라 이루어진다. 이를 바꾸어 보자면, '알고 있는 것'이 일상의 자연스러운 행동으로 '발현'되기 위해서는

'평소 꾸준히 훈련'해야 한다는 점이다. 게다가 언제나 새롭고 낯선 환경에 직면하게 되는 측면을 고려해, 끊임없이 스스로 성장할 수 있는 '좋은 습관'은 리더 역량의 가장 변함없는 부분이다.

리더가 직면하는 상황은 계속 변화하기 때문에, '과거에 검증된 지식과 스킬'을 학습하는 것으로는 부족하다. 그러므로 낯선 환경에 새롭게 적용할 수 있는 '해결안'을 스스로 발굴하고 최적화하는 학습 능력이 매우 중요하다. 바꾸어 말하자면, '리더 스스로 새로운 지식을 재구성하는 학습' 능력을 키우는 것이 가장 강력한 역량 개발이 될 수 있다. 기억력보다는 문제해결력에 초점을 두고 일상의 경험에서 학습하는 것을 습관화하는 것이다.

이상에서 살펴본 바와 같이, 모든 조직의 리더는 집단의 성과를 통해서 리더십 효과성을 입증한다. 리더의 3가지 성과 책임은 본래의 목표를 달성하는 것, 구성원의 몰입과 만족을 돕는 것, 시너지를 이끄는 프로세스를 최적화하는 것이다.

리더의 행동은 환경과 구성원의 상황에 적합하게 발휘해야 함을 살펴보았다. 이런 관점에서 구성원과 빈번하게 상호 작용하는 과정에서의 의사소통과 의사결정 스킬은 과거와 달라져야 한다. 핵심을 간결하게 요약하자면, 구성원의 '심리적 안전감'을 높이는 소통을 해야 한다. 그리고 집단의 중요한 의사결정 과정에 참여할 수 있도록 기회를 충실히 제공해야 한다.

이 책은 어떤 상황에서도 '보통 이상의 역할 수행'이 가능하도록 초점을 두었다. 장기적으로 각 역할 수행의 효과성과 효율성을 높일 수 있는 방법 제시를 통해 '탁월한 리더십'을 확보할 수 있도록 돕고자 한다.

집단의 목표를
달성하기 위한
역할

3장

모든 리더는 집단의 존재 목적을 달성하는 것이 최우선 과제다. 특히 다양한 이해관계를 반영한 계약 기반 수평 조직으로 전환되면서, '공동의 목표 달성'이 가장 중요한 공유 가치가 되고 있다. 앞으로도 목표 달성을 위한 리더 역할은 더욱 중요해질 것이 분명하다. 이번 장에서는 리더의 성과 책임 중 가장 중요한 목표 달성을 주제로 소개하겠다.

1 집단의 목표를
명확히 공유하는 역할

　기존의 집단에서 리더 역할을 수행하게 되는 상황이라고 한다면, 본래의 방향성을 충실히 이해하는 것에서 시작해야 한다. 리더가 원하는 것을 주관적 판단으로 얻고자 한다면 공감과 실행을 이끌어내기 어렵다. 집단이 지향하는 장기적 관점의 미션과 비전, 그리고 단기적 관점의 전략과 목표를 한 방향으로 정렬하는 것이 중요하다.

　만약 새로운 집단을 만들어 가는 과정이라면, 리더 역할은 달라지게 되고 더욱 중요해진다. 왜냐하면 일부 구성원들은 막연한 기대감을 가지고 스스로 선택하여 참여한 경우도 있고, 더러는 상위 조직의 결정에 따라 개인 의사와 무관하게 배치된 경우도 있기 때문이다. 리더는 집단 구성원 모두가 공통의 목표 달성에 집중하도록 이끄는 역할을 수행해야 한다.

미션 만들기

모든 집단은 목적과 목표가 존재한다. 목적은 미션Mission과 비슷한 개념으로, 집단이 존재하는 이유를 설명한다. 집단이 존속하는 한 쉽게 변하지 않는 것에 해당한다. 예를 들어, '우리 팀은 회사의 ○○ 제품을 국내외 고객을 대상으로 판매하기 위해 존재한다'와 같다.

미션은 가장 중요한 질문에 대한 '대답'을 구체화한 것으로 이해할 수 있다. 피터 드러커는 그의 책 『최고의 질문』에서 '미션'을 명확히 하기 위한 질문으로 다음을 제시하고 있다.

첫째, 우리의 고객은 누구인가?

여기서 말하는 고객은 내부와 외부 모두를 의미한다. 최종 상품을 구매하는 고객 이외에도 상위 조직과 협업 부서 등을 포함한다.

둘째, 고객이 중요하게 생각하는 가치는 무엇인가?

고객이 무엇을 중요하게 여기는지 알아야 한다. 주로 이루어지기를 기대하는 '접근 동기'와 걱정과 근심을 없애고 싶은 '회피 동기'를 의미한다.

셋째, 우리는 고객의 가치 충족을 위해 무엇을 어떻게 제공하는가?

궁극적으로 우리 집단이 어떤 차별적 전문성을 통해서 고객의 만족을 이끌어낼지 구체화해야 한다. 집단이 일상적으로 변함없이 제공하는 제품 또는 서비스를 의미한다.

만약 새로운 미션을 만들어야 하는 상황이라면 다음의 문법을 참조하기 바란다.

구분	우리의 고객은 누구인가?	고객이 중요하게 여기는 가치는 무엇인가?	우리가 제공하는 산출물 (가치)은 무엇인가?
작성 예시: 인사팀	경영진, 직원	안정된 일터, 신뢰할 수 있는 일터, 경쟁력 있는 보상, 높은 생산성	채용, 육성, 승진, 평가, 보상 등
	~~에게	~~을 충족시키기 위해	~~를 제공한다.
	인사팀은 현장 중심의 HR서비스 제공을 통해, 임직원의 행복한 일터를 실현한다.		
작성 예시: 영업팀	고객	서비스, 브랜드, 품질, 가격	제품의 납기 준수, 제품 품질 보증, 사후 서비스 등
	영업팀은 맞춤형 세일즈 서비스를 통해, 우리 회사의 모든 고객에게 긍정적 경험을 제공한다.		

비전 만들기

비전Vision이란, 보이지 않는 것을 명확히 볼 수 있는 '시력'과 같은 의미다. 집단이 가진 '미션'은 변함없이 수행해야 하는 '책무와 존재 목적의 사명'이라면, '비전'은 구체적인 달성 목표를 '형상화'할 수 있는 것으로 볼 수 있다. 다시 말해, 비전은 장기적 목표의 한 유형으로 볼 수 있다.

일반적으로 목표는 미션을 수행하면서 도달하고자 하는 달성의 구체적 수준을 의미한다. 보통 비전과 중장기 목표, 올해 또는 이번 달의 목표 등으로 세분화된 용어를 사용한다. 분류의 기준은, 도달의 시간적 차이로 이해하면 된다. 일반적으로 5년에서 10년 정도의 장기적 관점에서 도달하고자 하는 구체적 목표를 비전으로 이해할 수 있다. 그러므로 '비전'은 시간 또는 목표 달성 여부에 따라서 변화하는 속성을 가진다.

짐 콜린스는 『성공하는 기업들의 8가지 습관』에서 성공하는 기업들의 비전은 설레는 기대를 구체적으로 묘사하고 있음을 소개했다. 그 공통된 특징은 크고Big, 대담하며Hairy, 도전적인Audacious 목표Goal였다. (예: "교육팀은 2030년까지 국내 인적자원개발 우수 기업상을 수상한다.")

만약 새로운 비전을 작성할 필요가 있는 경우, 다음 문법을 참고하기 바란다.

구분	우리는 어떤 분야에서 일하는가?	달성하고 싶은 위치는 어디인가?	언제까지 달성할 것인가?
작성 예시: 인사팀	경영지원, 인적자원관리 분야	국내 최고 수준의 전문성, 1위	2030년
	~~분야에서	~~이 된다.	~~까지
	인사팀은 2030년까지 '노사문화 우수기업' 노동부 장관상을 수상한다.		
작성 예시: 영업팀	제품 판매, 서비스 분야	소비자선호도 1위	2030년
	영업팀은 ○○ 시장 '소비자선호도 1위' 기업을 달성한다.		

전략적 목표 구체화하기

여러분은 '꿈'과 '목표'의 차이를 무엇이라 생각하는가? 필자는 '구체성'이 구별 기준이라고 생각한다. 꿈과 목표 두 가지 모두 이루고자 하는 강한 열망을 담아냈다는 '공통점'이 있다. 그러나 '목표'는 이를 달성하기 위한 구체성을 확보해야 한다. '막연한 목표는 확실한 실패를 이끄는 목표'라는 점을 꼭 유념하길 바란다.

목표의 특징 중 주목해야 하는 점이 있다. '구체화 수준'에 따라 '용어'가 다르다는 점이다. 사실 앞서 학습했던 '미션과 비전'도 넓은 의미로 보면, '집단의 목표'가 분명하다. 이런 관점에서 '오늘의 To-do-list'와 '주간 과업 계획', '월간 실행 계획', '분기 사업 목표', '연간 목표', '중장기전략 방향' 등도 '목표'다. '그룹 목표', '회사 목표', '사업부 목표', '담당/실목표'도 마찬가지다. 제시한 모든 내용은, '시간적 측면'과 '실행 영역 측면'으로 목표를 세분화한 것이다. 정리하자면, 장기적 목표는 단기적 목표를 통해서 달성된다. 조직 전체의 목표는 가장 작은 단위의 팀과 구성원의 목표 달성을 통해 이루어진다.

리더는 '멀리 있는 추상적/장기적 목표'를 '구체적/단기적 일상 업무 활동'으로 구체화하는 역할을 담당한다. 아무리 어렵고 복잡한 일도, 잘게 세분화하고 단계적으로 꼼꼼하게 실행하면 충분히 달성 가능하다.

그리고 당장 시급한 것은 아니지만, 내부 프로세스와 구성원의 성장 및 몰입과 관련한 영역도 목표에 반영할 수 있어야 한다. 리더는 '현재'를 충실히 준비하는 것을 넘어서, '미래'에도 지속적으로 성장할 수 있도록 폭넓은 관점을 '목표'에 반영해야 한다.

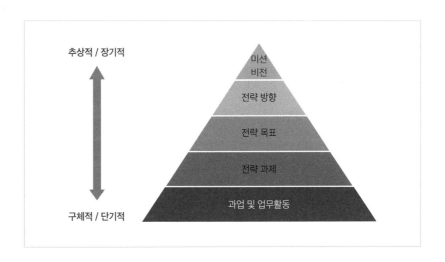

구체적인 목표 수립

목표 수립의 구체성은 다음의 3가지 사항을 충실히 반영함으로써 확보할 수 있다.

첫째, 목표 달성을 위해 '무엇'을 할 것인가가 제시되어야 한다.

이를 '실행 과제Initiative'라고 부르기도 한다. 예를 들어, '영업팀의 매출 확대'가 상위 목표라고 한다면 이를 달성하기 위해 실행할 수 있는 방법은 여러 가지가 있다. '판매 촉진을 위한 프로모션을 실시한다', '신제품의 판매량을 늘린다', '새로운 시장에 진출한다' 등을 들 수 있다. 이처럼 '목표 달성'을 위해서 '구체적으로 무얼 할 것인가?'에 대한 내용을 제시해야 한다. 실제 실행할 구성원들의 입장에서 명확하게 이해할 수 있어야 한다. 그중 가장 효과적이고 효율적인 방법이 무엇인지를 선택하고 집중하는 것이다. '경영'은 언제나 효과성과 효율성 모두를 충족하는 '전략적 의사결정'에 주목한다.

둘째, 실행 과제의 '성공 여부는 무엇으로 확인할 수 있는가?'이다.

"측정할 수 없다면, 관리할 수 없다!" 들어본 적 있는가? 매니지먼트를 설명할 때 반드시 소개되는 피터 드러커의 명언이다. 만약 측정하지 않는다면, '성공 여부'는 판단하기 어렵다. 또한 '현재의 수준'과 '목표 수준'의 차이Gap가 어느 정도인지 파악하기도 어렵다.

  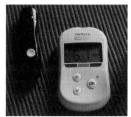

예를 들어, 매출 확대라면 '매출액'을 측정할 수 있다. 성장성을 본다면 '전 분기 대비 달성률'을 측정할 수 있다. 고객의 만족도를 확인하려면, '고객 만족도'를 측정할 수 있다. 이를 성과지표라고 부르고, 이 중 핵심이 되는 지표를 핵심성과지표KPI: Key Performance Indicator라고 한다.

집단 구성원들은 이런 KPI 개념을 함께 공유함으로써, 공동의 방향과 용어 사용으로 일체감과 소통의 효율성을 높일 수 있다. 어떤 것이 더 중요한지 '방향성'을 정렬하는 데 매우 유용하다.

셋째, 성공으로 '달성하고자 하는 수준은 무엇인가?'이다.

그저 열심히, 최선을 다하겠다는 다짐은 목표가 될 수 없다. 본래 목표는 언제까지, 어떤 수준까지 이르겠다는 달성 수준이 구체적으로 설정되어야 한다. 오랜 세월 동일한 미션 아래, 반복적으로 과업을 수행하는 경우도 마찬가지다. 과거와 동일한 투입 자원으로 같은 결과를 달성하는 것으로는 '생존'이 어려울 가능성이 높다. 투입 자원의 비용이 증가하기 때문이다. 그러므로 기존 대비 숙련도와 프로세스 개선 등을 고려한 '향상된 수준'을 목표로 반영하는 것이 자연스러운 이치다.

목표는 무엇인가?	상위 목표 달성을 위해 무엇을 할 것인가?	실행의 성공 여부는 무엇을 측정해서 확인하는가?	이번에는 어떤 수준까지 달성할 것인가?
A제품의 매출 확대	새로운 시장 진출	타깃시장 점유율 타깃시장 매출액	11월 30일까지, 5% 12월 31일까지, 10억

작성 예시

리더의 입장이라면, 구성원들의 오랜 관행과 매너리즘을 고려하여 '보다 높은 목표 설정'을 위해 효과적으로 개입할 필요가 있다.

구성원의 역할과 목표 배분하기

사회적 재난상황에서 익명의 자원봉사자들이 모였다. 구성원들은 모두 '좋은 의도'로 긴급하게 달려왔다. 부상자들은 긴급한 치료를 기다리고 있고, 수색과 구조도 아직 진행 중인 상황이다. 충분한 인력과 다양한 장비도 도착했지만, 이를 효과적으로 조율할 수 있는 컨트롤타워가 없는 상황이다. 어떤가? 생각만으로도 아찔한 상황이 분명하다.

집단은 각자 명확한 역할이 구분되어야 한다. 그래야 권한과 책임의 경계에서 발생할 수 있는 갈등을 최소화할 수 있다. 무엇보다 구성원의 개인적 관심사와 전문성을 기반으로 '시너지 효과'를 기대할 수 있기 때문이다.

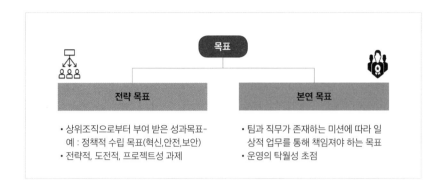

- 본연 목표: 구성원 본래 역할과 관련된 현재 운영을 위한 과업 수행 목표

집단의 목표 중에는 본래의 미션에 한 방향으로 정렬된 '본연의 과업'이 존재한다. 이를 '본연 목표'라 말할 수 있다. 예를 들어, 큰 회사의 팀이라면 전체 조직을 위해 기여해야 하는 팀 차원의 업무 분장이 구체적인 권한과 책임 형태로 할당되어 있다. 이를 기반으로, 팀이 존재하는 한 변함없이 '약속한 결과'를 '최적화된 방식'으로 '안정적으로 수행'해야 한다. 이를 '운영성 과업'으로 부르기도 한다. 이것이 바로 조직이 '현재의 역할을 충실히 수행'하는 것에 해당한다. 주로 매뉴얼과 프로세스에 의존하며, 운영적 효율Operational Excellence을 중요하게 생각한다.

팀에 소속된 구성원들은 각자 책임져야 하는 '성과 책임Accountability'을 중심으로 직무가 설계되어 있다. 일부 기획 또는 연구개발 부서의 경우, 새롭거나 긴급한 과업을 처리하도록 특화되기도 한다. 그러나 보편적으로 '명확하게 할당된 과업'이 있다. 이런 '본연 목표'의 경우는 직무 담당자가 책임져야 하므로 '배분'에는 큰 이슈가 없다.

- 전략 목표: 전략적 측면에서 미래의 위협을 회피하고, 기회를 선점하기 위한 과업 수행 목표

전략 목표는 일상적, 운영적 측면에서 현재에 주목하는 '본연 목표'와 달리 예외적, 기획적 측면에서 미래에 주목한다. 모든 조직은 '외부의 환경에 적응'하면서 '생존을 지속'하는 데 관심이 높다. 그 방법은 '환경이라는 변수'에 맞추어 민첩하게 대응하는 것이다. 다시 말해, 과거의 방법이 앞으로는 더 이상 '가치 창출'에 기여하지 못할 수 있다는 의미다.

전략 목표는 주로 상위 조직의 전략을 달성하기 위한 구체적인 수단으로 '날줄과 씨줄'처럼 긴밀하게 연결되어 있다. 기존의 방식으로 문제해결이나 목표 달성이 어렵기 때문에 새롭게 개선하거나 시작하는 과제로 볼 수 있다. 예를 들면, '목표와 자원, 기한을 정한 프로젝트'성 과제다.

이런 관점에서 구성원들은 '전략 목표'에 대해서 부담을 느낄 수 있다. 조직 차원의 기여도는 높지만, 그만큼 노력과 위험 부담이 높기 때문이다. 평소 안정적으로 수행하던 과업과 달리 낯설고 힘들기 때문에 종종 회피하기도 한다.

이때 리더의 역할이 중요하다. 전략 목표가 명확하게 구성원의 담당 직무와 연결된다면, 이를 수행하기 위한 우선순위를 조정해주거나 필요한 자원을 추가로 지원하는 방식으로 목표 달성을 도울 수 있다.

그러나 조직 차원에서는 분명히 공동의 전략 목표가 맞지만, 구체적으로 누구에게 배분해야 할지 모호한 상황은 고민이 된다. 전략 목표를 배분하는 원칙은 '과제의 성공 가능성'이 가장 중요하다. 구성원 중에 '누가 담당해야 성공할 수 있을까?'라는 관점에서 접근할 수 있다. 그와 함께 고려해야 하는 점은 '구성원의 공정성 지각'이다. 즉 '배분을 공정하지 않다고 느낄 요소는 없는가?'를 점검해야 한다. 이를 사전에 예방하거나 극복할 수 있는 방안을 고민해야 한다.

만약 민감한 상황이라면, '집단의사결정이라는 절차'를 확보하는 것이 효과적인 전략이 될 수 있다. 수평적 조직이라면 더욱 '양방향 소통'에 의한 의사결정 과정이 필요하다. 구성원에게 '투명한 절차에 참여할 기회를 제공'함으로써 의견교환과 공동 의사결정을 이끌어야 한다. 이와 관련한 구체적인 스킬에 대해서는 7장에서 상세히 소개하겠다.

이상에서 살펴본 바와 같이, 리더는 구성원들에게 공동의 목표와 각자의 책임을 구분하도록 도와야 한다. 그 과정에서 리더는 유효한 정보를 제때 제공하는 역할을 수행한다. 그리고 배경에 대해서 충실히 설명해야 한다. '열심히 합시다'가 아니라 '제대로 합시다' 차원에서, 목표와 과업이 '왜 중요한지'에 대해서 의미를 부여해야 한다. '우리는 누구이며, 가야 할 곳과 여기는 어디인지'에 대해서 끊임없이 소통해야 한다.

2

계획 추진 과정을 점검하고
실행을 지원하는 역할

우리는 누군가에게 '관리받는 것'을 매우 불편하게 생각한다. '관리'라는 뉘앙스에 대한 오해 때문이라고 생각된다. 이런 관점에서 혹자는 '관리자'는 나쁘고, '리더'는 좋은 것이라고 이분법적 설명을 하기도 한다. '관리'를 '위계적 구조'에서의 '일방적인 지시와 명령', 즉 '감독과 통제'로 이해했기 때문이다.

'관리Management'에 대한 본래의 목적을 살펴보면 오해가 풀릴 것이라 생각된다. 당신은 일상 생활에서 무엇을 관리하고 있는가? 시간, 건강, 인간관계, 재산, 지식 등을 관리하고 있을 것이다. 즉 삶에서 소중한 것을 관리한다. 관리란 우리의 소중한 열망을 목표로 구체화하고, 이를 달성하도록 개입하는 일련의 행위를 의미한다.

예를 들어, 건강을 위해 몸무게 78kg 도달을 목표로 잡았다고 생각해보자. 현재 몸무게를 측정해 보니 80kg이다. 목표 대비 2kg이나 초과한 상태다. 목표 달성에 대한 열망이 높다면, 어떤 행동을 취해야 할까? 당연히 식

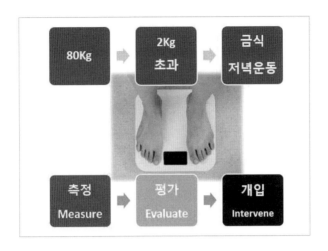

사량을 줄이거나 운동량을 늘려서 체중을 줄여야 한다.

관리란 현재 수준을 꾸준히 측정하고 평가한 후, 상황에 적합한 효과적인 개입을 통해 목표에 달성하도록 이끄는 방법을 의미한다. 다시 말해, '간절히 바라는 목표'를 달성하도록 돕는 행위다.

내가 주체가 되어 추진한다면 더없이 좋다. 그러나 혼자 힘으로는 지속성이 낮아지는 것이 보편적이다. 그래서 원하는 목표 달성을 위해서 비용까지 아낌없이 지불하기도 한다. 건강관리를 돕는 의사와 운동습관을 유지하도록 챙기는 PT트레이너가 필요한 이유다. 결국 자신이 아닌, 누군가의 도움이 필요하다는 부분에 대해 공감할 수 있을 것이다.

다만 관리가 불편하게 느껴졌다면, '수동적 객체'가 되었을 때이다. 누군가가 '도움'을 제공하는 고마운 존재가 아니라, '평가와 판단'을 하는 무서운 존재라서 싫었던 것이다. 이런 관점에서 리더의 역할도 명확해진다. 공동의 목표와 개인의 책임 완수라는 바람직한 방향을 돕는 것이 리더의 역할이지만, 존중감을 갖추지 못하거나 판단과 비난 등 위협적인 개입 방식은 경계해야 한다. 좋은 의도뿐 아니라 적합한 형식도 중요하기 때문이다. 디지털세상의 수평적이고 비대면 상황에서는 더욱 그렇다. 결국 리더는 구성원의 목표 달성을 위해 '효과적으로 돕는 방식'을 이해하고 실행할 수 있어야 한다.

계획한 것의 실행을 점검하는 방법

성과 관리 현장 경험을 통해 보면, 생각보다 많은 사람들이 수립한 목표를 다시 꺼내 보지 않는다. 단지 평가와 보상의 기준으로 이해하는 경우도 있고, 계획적인 업무 수행을 하지 못하고 급한 일을 중심으로 처리하는 관행 때문이기도 하다.

리더는 업무 추진 과정에서 담당자의 주도성과 자기 결정성을 높여야 한다. 구성원 각자 현실적인 목표를 반영하고, 달성에 대한 책임을 명확하게 져야 한다면 점검하는 행동은 달라지게 된다. 모든 사람은 자신의 관심사Interest에 대해서 정기적으로 확인하고 조사하는 일을 게을리하지 않는다. 디지털 세상에서는 구성원의 자율과 책임이 과거보다 더욱 강조된다.

리더는 구성원의 목표 달성에 대한 관심이 더욱 높아지도록 이끌어야 하고, 이와 관련한 소통의 빈도와 질을 높여야 한다. 소통의 빈도를 높이기 위해서는 형식을 간소화하거나 없애야 한다. 이를 위한 방법이 CFR이다. 일상적 측면에서 자연스러운 대화Conversation를 자주 하는 것이다. 대화 내용 중에 과제의 수준과 개선을 위한 구체적인 피드백Feedback을 주고받아야 한다. 그리고 성취한 결과와 성공에 대해서 그 기여를 축하하고 인정

Recognition하는 것이 중요하다. 리더는 정기회의와 1대1 면담이라는 형식을 통해서 CFR을 실행할 수 있다.

첫째, 가능하다면 실시간으로 관리하는 것이 좋다.

변동성과 위험 부담이 크다면, 실시간 모니터링이 필수이다. 대형 설비와 자동차를 관리하는 대시보드Dashboard처럼, 주요 핵심성과지표를 실시간으로 관찰하는 것이 좋다. 주간 또는 월간 단위로 그 지표들을 취합하고, 꾸준히 업데이트하는 것이 효과적이다.

둘째, 진척도를 가시적으로 확인하도록 만들어야 효과적이다.

시각적으로 확인하면 빠르고 명확하게 이해할 수 있다. 업무 진행 상황 공유를 위해 칸반보드를 사용하는 것도 좋은 방법이다. 만약 평가와 보상에 대한 공정성 또는 민감도에 대한 구성원의 요구가 높다면, 절차를 확보하고 정보를 투명하게 공개하는 효과를 기대할 수 있다. 누가 어떤 과제를

어떤 수준으로 처리했는지, 공헌도가 높은지를 모두가 쉽게 인지하도록 돕는다.

셋째, 정기 미팅을 활용하는 것이 효율적이다.

주간 또는 월간 정기 미팅에 주요 과제의 추진 현황을 공유하는 순서를 반영할 수 있다. 이때 각 세부 과제의 상황을 상세하게 공유하는 것은 적절치 않다. 신호등 표시처럼 계획대로 잘 추진되는 경우라면 초록색으로 표기하고, 조금 지연되는 상황이라면 노란색, 이슈가 발생한 상황이라면 빨강색으로 표기한다.

구분	일자	주제	세부 내용	비고	담당자	종료일	진행 상황
1	3/15	프로모션	팀장후보자 리더십 향상 프로그램 - A팀 000차장	1. 현업 팀 프로그램운영 설명 (~4/6) 2. 개선사항 피드백 및 실천계획 수립 (~5/11) 1) 적용 및 실행 (5/15~) 2) 진행경과 보고 (7/1)	김길동 선임	7/31	완료
2	4/26	채용	신입 공채 채용 진행 2차 인터뷰 진행예정 변호사 협회 채용 접수마감		박철수 책임	6/26	진행중
....							지연

리더가 묻는 방식은 불편한 개입이 될 수 있으므로, 과제 실행 담당자가 진행 상황을 공유하는 방식이 적합하다. 정기 회의 중 진척도에 대한 공유는 담당자의 책임이라는 점을 미리 강조할 필요가 있다. 구성원이 말하고,

리더는 도움을 제공하는 방식이어야 한다. 미팅 중 복잡한 이슈의 경우, 관련된 사람들이 별도 회의를 통해서 논의해야 한다. 이 자리에서는 주로 늦어지거나 이슈가 발생한 문제의 '개선 및 보완' 방법을 발전적으로 논의하는 방식으로 진행한다.

문제해결을 돕고, 구성원의 목표 달성을 지원하는 방법
- After Action Review 미팅 운영

정기 미팅에서 과제의 진척도를 공유하는 것이 형식적일 때, 이는 철저하게 개인의 몫으로 변경하고 리더와 개별적으로 논의하도록 바꾸는 것이 좋다. 그럼에도 불구하고 집단이 함께 협업한다는 의미를 부여하고, 효과적 소통을 위한 미팅은 포기해서는 안 된다.

다만 정기 미팅의 가치를 높이는 방법이 필요하다. 구성원 모두에게 유용한 정보를 공유하고, 문제를 해결하거나 학습할 수 있는 기회로 만들어야 한다. 이것이 바로 '성찰 미팅' 또는 'After Action Review 미팅', 'Gate Review 미팅'이다. 용어는 다르지만 본질은 '계획 대비 실행한 것을 돌아보고, 수정과 보완하는 의사결정'을 하는 것이다.

리더는 초기의 계획과 실제로 실행한 것 그리고 결과를 토대로 깊이 있게 생각하도록 미팅을 이끌어야 한다. 이때 리더의 주된 역할은 '질문'하는 것이다. 새롭게 배울 것과 개선해야 하는 사항들을 명확히 함으로써, 이후에 프로세스 개선과 목표 달성을 위한 전략을 수정할 수 있다.

AAR이 중요한 이유는, '경험'을 의미 있는 '지식'으로 바꾸는 학습 과정이기 때문이다. 많은 사람들이 반복적인 실수를 지속하는 이유는, 기존에 인식한 방식과 행동을 바꾸지 않기 때문이다. AAR은 경험을 개인과 집단의 지식으로 바꾸는 리더의 중요한 활동이다.

집단의 상황이 여의치 않다면 형식을 간소화할 수 있다. 실행 빈도를 조율하는 것도 방법이다. 구성원 모두가 함께 토의하고 성장하는 과정은 '훌륭한 개인보다 팀이 더 탁월하다'는 점을 느끼게 만드는 긍정적인 경험이 된다.

- 이해관계자 관리 지원

과제 추진 과정에 다양한 강도의 영향을 주고받는 모든 사람들을 이해관계자Stakeholder로 지칭한다. 가장 중요한 고객부터 승인자, 합의자, 협의자, 실행자 등을 꼽을 수 있다. 집단의 특징에 따라서 지역사회와 NGO 그

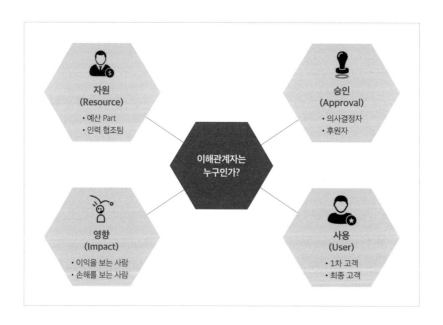

리고 정부기관도 중요한 영향을 줄 수 있다. 예를 들어, 회사의 새로운 공장을 신설하기 위한 프로젝트 팀이라고 생각해 보면 이와 관련한 인허가 과정, 지역 사회의 반대 등 민감한 이슈들이 발생할 수 있다.

리더는 과제 추진 담당자의 성공을 지원하기 위해서 이를 사전에 협의하고 적극 도와주어야 한다. 구체적으로는 주요 이해관계자를 설득하거나 우호적 관계를 구축하도록 만드는 것이다.

이해관계자를 관리하려면 그들이 무엇을 원하는지를 명확하게 파악하는 과정이 우선이다. 표면적으로 빈번하게 요구하는 것과 그 이면에 진짜 원하는 '욕구'를 구별해야 한다. 그래야 이해관계자를 만족시킬 수 있다.

이해 관계자	요구사항	욕구	
		기대 Expectation	우려 Concern
누구인가?	정기/비정기적으로 무엇을 요구하는가?	접근 동기 꼭 이루고 싶어 하는 것	회피 동기 리스크, 걱정하는 것
고객	새로운 제품, 기술 동향에 대한 정보	프로세스 개선, 상사로부터 인정	경쟁력 하락, 정보 부족/고립
협의자	예상 비용, 추진 일정	팀 자원 투입의 최소화 일정 계획 예측 가능성	계획 수립의 모호함, 실패에 대한 공동 책임

이해관계자의 욕구 또는 관심사를 파악해보면, 결국 어떤 것이 자신의 입장에 더 이익benefit이 되는지에 관심이 가장 높다. 인간행동의 가장 보편적 특성이 다시 한번 확인되는 부분이다. 이해관계자를 효과적으로 관리하기 위한 '리더의 소통 스킬'에 대해서는 6장에서 제시하였다.

진척도가 낮은 상황에서의 대처 방법

과제 추진 상황을 점검한 결과, 계획 대비 진척도가 낮거나 실행이 안 된 경우가 종종 발생한다. 크게 두 가지로 분류해 보면, '못 하는 경우'와 '안 하는 경우'로 볼 수 있다. 당신은 어느 쪽이 문제라고 생각하는가? 둘 다 문제이지만, 보다 심각한 것은 '알지만 안 하는 경우'로 볼 수 있다.

이때 리더의 개입 행동은 중요하다. 집단 구성원 모두가 약속한 것을 이행하지 않아도 된다는 인식을 심어줄 수 있기 때문에, 적시에 문제 상황에 개입해야 한다. 이때 고려해야 하는 전제는 '귀책사유에 대한 벌칙이나 처벌'이 아니라, '목표 달성에 도움을 제공하기 위한 것'이다. 그러므로 전체 일정 계획에 차질이 없도록 '사전에 정기적으로 모니터링'하는 것이 중요함을 다시 강조하고 싶다. 리더의 '개입 시점'을 뒤로 미뤄서는 안 된다는 점도 유념해야 한다.

첫째, 구성원이 '못 하는 경우'이다.

원인에 따라 개입 방식을 결정한다. '과거에 수행한 경험이 있었는가?'를 확인해 본다. 만약에 경험이 없었다면, 필요한 역량 개발 기회나 전문지식을 제공해주어야 한다. 또 '최근에 경험이 있었는가?'를 확인해서, 업데이트가 필요한 요소가 무엇인지를 알려주어야 한다. 최근의 경험이 있음에도 불구하고 늦어지고 있다면, '진척도와 품질 수준에 문제가 있다는 사실을 인지했는가?'를 점검해 봐야 한다. 구성원이 인식하지 못했다면, 이를 구체적으로 알려주는 '피드백'을 제공해야 한다. 무엇이 문제이고, 어떤 대안 행동이 필요한지 알려주어야 한다. 이런 모든 체크 사항에 이상이 없고, 나름 열심히 노력함에도 불구하고 '낮은 수준의 성과'를 보인다면 '역할이나 과업을 조정'하는 것이 필요하다.

둘째, 구성원이 '안 하는 경우'이다.

리더는 구성원의 '악의적 고의성은 배제'하고 접근하는 자세가 필요하다. '일부러 안 하는 경우'는 없다고 말이다. 모든 행동에는 이유가 있다는 점을 전제로 해결하는 것에 초점을 두어야 한다. 먼저 '과업의 중요성을 알고 있는가?'를 확인해 봐야 한다. 모른다면 명확하게 알려주어야 한다. 과거에 비슷한 사안을 추진하던 중 '벌칙이나 손해'를 본 적이 있는지도 확인해 봐야 한다. 마찬가지로, '열심히 일한 노고를 인정받지 못한 사례'도 확인해 봐야 한다. 그럴 경우, '인정과 보상'에 대한 명확한 기준을 알려주어야 한다. '과업 수행 과정에 장애가 있는가?'를 확인해 장애물을 제거해 주어야 한다. 예를 들어 유효한 정보, 설득, 예산과 인력의 자원 확충 등을 제공할 수 있다.

셋째, 구성원이 '의도한 경우'이다.

가장 까다로운 상황이다. 구성원들은 문제 직원을 처리하는 리더의 행동에 주목하고 있음을 기억해야 한다. 그러므로 공동의 목표 달성 과정에서 약속을 어기는 경우 '단호한 조치'를 해야 한다. 이때 구성원이 명시적으로 인식하고 있는지를 확인하는 절차가 꼭 필요하다. 인지하고 있음에도 불구하고 리더의 요청과 지시를 어긴다는 구체적 증거를 확보하는 것이 필요하다.

예를 들어, "김 책임님 A보고서를 위한 시장조사 결과를 어제까지 제출키로 했는데 지키지 않았습니다."처럼 객관적 사실을 알려주고 "예"라는 동의를 이끌어 냅니다. "혹시 제가 납득할 만한 이유가 있었나요?"라고 소명할 기회도 부여한다. 그리고 "다시 한번 기회를 드리겠습니다. 내일 오전까지 반드시 제출해 주세요. 만약 어렵다면 금주 언제까지 가능할까요?"

라고 새로운 기일을 명확히 전달한다. 이후 다시 약속을 어기는 상황이 되면, 그때는 심각한 문제로 다루어야 한다. "김 책임님, 지난번 이미 몇 차례 자료 제출에 대한 이야기를 했는데 기억 나시지요? 그럼에도 불구하고 번번이 지키지 않는다는 것은 저를 무시하는 것으로 이해할 수밖에 없습니다. 혹시 제가 오해한 것이라면 설명 부탁합니다."라고 강력한 메시지로 '회사의 공식적인 노무 지휘권'을 위반했다는 점을 알려준다. 그리고 마지막 기회를 주지만 이행하지 않을 경우 회사의 징계 절차에 회부할 것임도 알려주고 확답을 받도록 한다.

매우 불편한 상황이다. 그러나 집단의 공유가치를 위반한 경우 '엄격한 처리'가 필요한 상황에서 꼭 필요한 리더의 개입 행동이다. 만약 개입을 멈추거나 회피하는 경우, 목표 달성이라는 측면과 공정성 등의 중요한 가치가 훼손되고 전체 구성원의 몰입도가 낮아지게 됨을 유념해야 한다. 이런 측면에서 '리더는 불편한 개입'도 해야 한다.

3 과제 추진 결과를 평가하고 육성을 지원하는 역할

치열한 입시경쟁 환경을 경험했던 사람들에게는 '시험' 또는 '평가'에 대한 막연한 불안과 공포감이 있다. '그냥 열심히 하면 되는데 굳이 평가할 필요가 있을까?'라는 불편한 시각도 존재한다. 게다가 낮은 평가 결과를 토대로 '개선을 위한 개입'이 필요한 상황이라면 '리더와 구성원' 모두가 불편해진다. 그럼에도 불구하고 집단의 목표 달성이 뚜렷한 공통 목표이며 가장 중요한 책임이라는 측면에서 회피하기 어렵다. 어떻게 해야 바람직한 목적에 부합하는 평가가 될지 알아보겠다.

평가의 목적

관리의 본질은 '목표 달성'에 있다. 만약 '평가'하지 않으면, 목표 달성의 '성공'도 없고 '실패'도 존재하지 않는다. 심각한 문제가 발생해도 책임져야 할 것도 존재하지 않는다. 같은 관점에서 보상에 대한 차별적 배분의 기준도 찾기 어렵다. 게다가 일을 하고도 잘된 것인지 모르기 때문에 '개선 가능성'도 없다.

평가는 본래 '고객 관점'에서 실시해야 한다. 업무 활동을 직접 수행하는 입장에서 열심히 했다거나 최선을 다했다는 이유로 높은 평가를 받기 어렵다. 이는 '자기만족' 또는 '자기합리화'에 가깝다. 일반적으로 시장에서의 평가는 고객이 만족하는 '가치'를 기준으로 한다. 시장에서는 그것을 '가격'이라 말한다. 다시 말해, '평가 권한'이 있는 사람의 입장에서 봐야 한다.

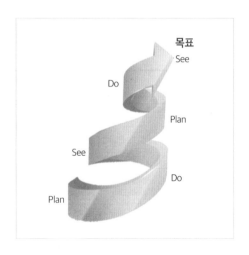

평가는 다음의 목적을 위해 활용할 수 있다.

첫째, 목표 달성을 위한 실행 정도를 판단할 수 있다.

둘째, 프로세스 개선과 역량 개발의 기준과 기회를 파악할 수 있다.

셋째, 평가자와 피평가자가 성과 책임을 논의하는 기준으로 활용할 수 있다.

넷째, 보상 수준을 결정하기 위한 기준으로 활용할 수 있다.

평가 방법

구체적인 과업 추진 활동의 결과인 '업적 What', 추진 과정에서 발휘한 '역량 How' 두 가지를 모두 평가한다. 기존의 조직 성과 평가를 떠올려 본다면, 대부분 이미 지나간 과거의 업적인 what에 대한 것으로 제한하는 경우가 대다수였다. 결과에 대한 보상의 기준이라면 큰 문제는 없다. 그러나 '평가의 지향점'이 프로세스 개선과 성장이라는 관점임을 고려해 볼 때 업무 수행 과정에서 발휘한 역량인 How를 반드시 평가해야 한다.

구분	업적 평가 What	역량 평가 How
평가 대상	* 과제 추진의 최종 결과 * 무엇을 달성했는가?	* 과제 추진 과정에서 발휘한 행동 * 어떻게 달성했는가?
평가 초점	* 과거의 목표 달성 여부 * 단기적 관점	* 역량 개발 포인트 * 장기적 관점
평가 방법	* 목표 대비 달성한 수준 평가	* 지식, 스킬, 태도 등을 바탕으로 발휘한 행동 수준 평가
평가 내용	* 성과의 크기: 목표 대비 달성 수준, 유사 집단 비교 * 성과의 질적 수준: 품질, 오류 등 * 성과의 적시성: 납기, 마일스톤	* 업무 전문성: 지식, 스킬의 기대치 충족 여부 * 업무 수행 자세: 적극성, 개방성 * 업무 수행 절차: 효율성, 명확성

리더는 구성원 사이의 서열을 매기기 위한 '사정형 평가'를 지양해야 한다. 기존 조직의 경우, 평가 제도는 매우 민감하고 껄끄러운 리더의 숙제였다.

과거 관점은 '평가'를 조직의 보상과 승진이라는 '희소자원'을 배분하는 과정으로 이해했다. 이로 인해서 '동료'를 '협업 파트너'로 인정하기보다는 '경쟁자'로 인식하도록 만들었다. 게다가 정보에 대한 투명성과 접근 가능성은 구성원의 '공정성에 대한 기대'를 더욱 높였다. 그러나 리더 입장에서 아무리 노력해도 구성원의 '공정성'을 충족시키기 어렵다. 왜냐하면, '공정성은 개인의 주관적 지각'에 좌우되는 속성을 갖기 때문이다. 본질적으로 '주관적인 성질'의 공정성을 리더의 노력으로 '객관적인 것'으로 만들 수는 없다. 애초에 불가능한 모순이다.

이를 고려해 국내외 많은 조직들이 '절대평가'를 도입했고, '절대등급'까지 점진적으로 전환하였다. 다시 말해 '의미 있는 평가', '가치 창출에 기여하는 평가'로 전환해야 함에 깊이 공감하고 있다는 의미이다.

디지털세상에 적합한 평가의 방향은, 지속적인 성과 창출을 위한 역량 향상에 초점을 두는 '육성형 평가'가 되어야 한다. 구체적으로 구성원의 성장과 프로세스 개선을 위한 기회를 발굴하고, 새로운 목표 수립 시 반영해야 한다.

수용도 높은 평가 피드백 방법

리더가 공식적인 평가 권한을 가지고 구성원의 성장 또는 프로세스 개선을 위해 피드백을 해야 한다면, 기존의 방식이 아닌 새로운 요구 또는 변화를 요청하는 내용을 담기 마련이다. 그러므로 구성원 입장에서는 매우 불편한 내용이 분명하다. 방어기제가 작동할 가능성도 높다.

이를 위해서 먼저 구성원의 심리적 안전감을 확보해야 한다. 상대방의 입장에서 합리적 사고가 가능하다는 전제가 성립되어야 의미 있는 피드백이 가능하다. 최대한 몸과 마음이 편안한 환경을 조성하고, 평가 피드백에 대한 메시지를 전달해야 한다. 순서가 매우 중요하다.

피드백 중 리더는 평가와 판단의 뉘앙스를 반영한 '표현'은 삼가야 한다.

예를 들어, "그렇게 대처하면 안 됩니다.", "지난번은 크게 실수했다."와 같은 표현은 하지 않는 것이 좋다.

업무 추진 과정에서 관찰된 구체적인 모습을 묘사해야 한다.

예를 들어, "김 대리님 지난달 프로젝트 최종 결과 보고 때 상무님의 질문에 '그건 저희 프로젝트의 책임이 아닙니다.'라고 말했는데 기억나시지요?"라고 상세하게 설명해야 한다. 최대한 그 상황을 보고 있는 것처럼 충실히 묘사할수록 몰입도가 높아진다.

구성원이 당시 상황을 설명 또는 해명할 기회를 먼저 제공해야 한다.

관찰된 문제 행동을 알린 후, 그 상황을 어떻게 인식하고 있는지 확인하는 과정이 필요하다. 상대방에게 말할 기회를 구체적으로 제공해서 불필요한 오해를 줄이고 공정하게 인식할 수 있는 절차를 확보할 수 있다.

문제 행동이 지속될 때 발생하게 될 여파에 대해서 알려줘야 한다.

예를 들어, "상대방 입장에서는 무책임한 사람이라는 인상을 심어줄 수 있습니다.", "현업 부서에서는 명령이라고 느낄 수 있습니다.", "상위 직무 수행 역량이 있는지 확인이 어렵다고 생각할 겁니다."와 같이 말할 수 있다.

구체적인 대안 행동과 기대치를 전달해야 한다.

예를 들어, "향후 비슷한 상황이 생긴다면 즉답을 회피하고, 확인 후 알려드리겠다고 말해주세요.", "앞으로는 공지문을 전달하기 전에 미리 협의

절차를 반드시 거쳐주세요.", "적어도 목표 대비 90% 이상은 달성해야 합니다."와 같은 내용을 전달해야 한다.

이처럼 피드백은 이미 지나간 과거에 대해서 '옳고 그름'을 전하는 것에 머물러서는 가치가 낮다. 향후 비슷한 상황에서 동일한 실수를 반복하지 않도록 돕는 것이 중요하다. 최근 일부 기업들은 피드백이라는 용어도 사용하지 않는다. 코멘트 또는 피드포워드Feedforward라는 용어도 나쁘지 않다. 필자 입장에서는 개선과 향상을 위한 가치 제공에 의미를 부여해서 '피드업Feedup'이 더 매력적이다.

프로세스 개선을 위한 ERRC

집단 본연의 목표와 관련한 과업은 평가 이후에도 동일하게 수행해야 할 운영 과제이다. 그러므로 '개선 기회'를 발굴하고 '적용'하는 활동은 꼭 필요한 가치이다. 만약 과거와 동일한 방법을 고수한다면, 변화된 환경에서 '과거 수준의 달성'조차 어렵게 된다.

대부분의 구성원들은 '기존 방식의 익숙함'을 선호할 가능성이 높다. 리더는 그 과정에 효과적으로 '개입'해야 한다. 과거보다 '에러율을 축소'하고, '소요시간을 단축'하고, '품질을 향상'하기 위한 방법을 새롭게 마련하거나 기존의 방법을 수정 보완하는 활동이 바로 그것이다.

이를 효과적으로 도울 수 있는 방법이 ERRC다. 기존의 과업 추진 과정을 평가하되, 비슷하거나 높은 가치를 만들어내지 못하는 활동은 제거Eliminate하거나 축소Reduce해야 한다. 반면 새로운 가치를 창출하는 활동은 증가Raise시키거나 새롭게 시작Create해야 한다.

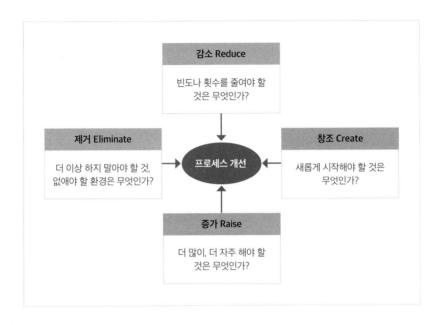

방법은 간단하다. 평가와 리뷰 시점이 도래하면 리더는 각 구성원에게 본연 과업의 프로세스를 점검하고, EERC 매트릭스를 작성하도록 요청하는 것이다. 그리고 모든 구성원과 전체가 공유하는 집단 프로세스에 대해서도 ERRC를 함께 논의하는 과정을 진행해도 좋다.

* Eliminate: 폐기 업무

"더 이상 하지 말아야 할 것, 없애야 할 환경은 무엇인가?"

과업명	폐기되어야 할 사유	기대 효과
일일 회의	시간 부족, 생각보다 매일 점검할 사항이 별로 없음	매일 30분 확보, 개인 집중 근무시간 확대

* Reduce: 축소/이관 업무

"빈도나 횟수를 줄여야 할 것은 무엇인가?"

구분	과업명	사유
축소할 업무	고객 미팅 일정 사전 확인 절차 3번에서 1회로 축소	고객들이 앱을 이용 자동 알람 인지율이 높음 최종 1회 정도면 충분히 현행 유지 가능함
이관할 업무		

* Raise: 강화 업무

"더 많이, 더 자주 해야 할 것은 무엇인가?"

과업명	강화되어야 할 사유	기대 효과
1 on 1 미팅	신규 직원 급증, 상호 이해 부족	소속감과 안정감 향상, 협력적 분위기 형성

* Create: 신규 추진 업무

"새롭게 시작해야 할 것은 무엇인가?"

과업명	시작/추진되어야 할 사유	기대 효과
온라인 협업 툴 사용	비대면 근무 확대, 실시간 확인 필요	업무 추진 자료 공유 확대, 화상회의를 통한 시간 절약

요약하자면 리더는 집단의 목표 달성을 위해 현재의 운영 과업을 충실히 하는 것뿐 아니라 미래의 전략적 측면에 자원을 투입해야 한다. 이를 효과적으로 달성하기 위해서는 목표 수준과 현재 수준을 측정해야 한다. 그래야 관리가 가능하다. 그 차이를 줄이기 위한 다양한 방법들을 궁리하고,

효과성과 효율성을 충족하는 전략적 대안을 선택해야 한다.

이를 실행으로 이끌기 위해서는 무엇을 어떻게 해야 할지 구체화해야 한다. 리더는 이후 수립한 계획이 제대로 진척되고 있는지를 관찰하고, 효과적으로 개입해야 한다. 구성원의 목표 달성을 지원하기 위한 구체적인 도움을 제공해야 한다. 일을 통해서 학습과 성장을 도울 수 있도록, 면담과 정기 미팅을 효과적으로 운영해야 한다.

리더는 과제가 종결된 시점에 구체적인 평가를 진행해야 한다. 과거의 실적에 대한 보상보다는 향후 프로세스 개선과 구성원의 성장 과제를 도출하는 과정이 되도록 애써야 한다. 그리고 구성원의 면담 과정에서 수용도 높은 방식으로 기대치와 대안 행동을 피드백해야 한다.

리더의 성과 관리 또는 일 관리는 가장 까다로운 부분이지만, 집단의 존재 목적에 가장 직접적인 역할임을 유념하고 실천해야 한다.

구성원의
몰입을
돕기 위한 역할

4장

리더는 구성원의 개인적인 목적과 집단 전체의 목표 달성을 모두 충족할 수 있도록 노력해야 한다. 집단은 Win 하지만, 구성원은 탈진Burn out하는 일이 있어서는 '진정한 목표 달성'으로 보기 어렵다.

예를 들어, 조직은 높은 성과 창출을 통해서 큰 성취를 이루었지만 구성원들의 불만이 높고 이탈과 교체되는 현상이 자주 일어난다면 장기적인 목표 달성을 기대하기 어렵다. 서로 Win-Win 해야 장기적 관점에서도 높은 수준의 성과를 기대할 수 있다.

이처럼 모든 집단의 목표 달성은 구성원의 몰입 수준에 크게 영향을 받는다. 구성원의 몰입은 구체적으로 역량과 의욕으로 나누어 볼 수 있다. 이번 장에서는 집단의 목표 달성 과정에서 구성원의 기대를 함께 충족시키기 위한 리더의 역할에 대해 살펴보겠다.

집단 속 인간 행동 이해

인간 행동의 공통 속성, 심리에 주목하라!

인간의 심리적 속성을 이해하는 것은 매우 유용한 가치가 있다. 예를 들어, 과학적 기본 전제가 되는 것은 역사적 발전에 따라서 해체되고 새롭게 정립되는 과정을 끊임없이 반복하고 있다. 1600년대 지구를 중심으로 태양이 돈다는 오래된 전제가, 정반대의 사실로 입증이 되기도 했다. 1964년 쿼크 입자 발견과 2012년 힉스 입자 발견을 통해서 물질의 최소 단위에 대한 이론도 달라졌다.

반면 기원전 8세기경 호메로스가 썼다고 전해지는 『일리아스』와 『오디세이아』는 서양문학의 고전으로 전 세계적으로 여전히 읽히고 자주 인용되고 있다. 비슷한 관점에서 동서양의 경전과 고전들은 시간과 공간을 초월해, 그리고 인간의 이질적 차이에도 불구하고 강한 생명력을 유지하고 있다. 여전히 훌륭한 지혜와 감동을 제공한다.

중세 암흑시대 이후 비약적으로 발달해온 과학은 이성과 논리를 중시하며, 객관적 세계를 추구해왔다. 덕분에 우리의 삶은 보다 편리하게 발전되어 왔다. 반면 인간의 감정과 생물학적 속성은 오랜 생명의 역사 속에 뿌리 깊이 자리하고 있어, 쉽게 변하지 않음을 증명한다. 유르겐 브라터는『정장을 입은 사냥꾼』에서 이런 인간의 속성을 상세하게 소개하고 있다.

메타버스 세상에 살고 있지만 인간 행동의 대부분이 고대인과 크게 다르지 않다는 점은 '인간 행동에 대한 이해와 예측'에 훌륭한 시사점을 제공한다. 다시 말해, 인간과 사회 그리고 문화의 속성은 '형태는 변경'될 수 있지만 그 '본질의 공통점은 유사'하다. 집단의 다양성과 복잡성이 더욱 증가하고 있지만, 여전히 변하지 않는 특징이 있다. 이 공통의 분모만 잘 이해하고 대응할 수 있어도 훌륭한 리더십 발휘에 전혀 문제가 없다.

구성원의 몰입은 어떤 모습일까?

당신은 혹시 어떤 일에 깊이 몰입했던 순간을 기억하는가? 잠자는 것과 식사도 잊은 채 게임, 공부, 운동 등에 오롯이 집중했던 모습을 떠올려 봐도 좋다. 다른 것은 일절 생각이 나지 않고, 오직 하나의 주제에 전념했을 때 긍정적 몰입을 경험하게 된다.

집단 구성원의 몰입도 비슷하다. 메이어와 알렌(1991)은 조직에 몰입한 구성원 모습의 특징을 크게 3가지 차원으로 구분해서 제시했다. 그들은 자신이 속한 집단을 '좋아'한다. 그리고 자신에게 주어진 과업을 '더 잘하고 싶어' 한다. 마지막으로 새로운 이직 기회가 있어도 '더 오래 일하고 싶어' 한다. 복잡한 진단과 인터뷰 없이도 구성원들의 행동을 관찰해 보면 몰입 수준을 파악하는 데 매우 유용한 지표가 된다.

출처: 메이어(Mayer)와 알렌(Allen)(1991), 조직 몰입

미국의 심리학자 칙센트 미하이는 '어떤 행위에 깊게 빠져들어 시간의 흐름이나 공간, 더 나아가 자신에 대한 생각까지도 잊어버리게 되는 심리 상태'를 몰입flow이라 정의했다. 몰입은 외부의 보상 체계가 아니라 내부의

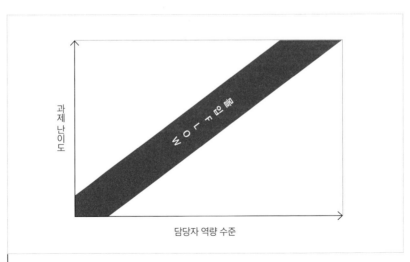

출처: 칙센트 미하이(Csikszentmihalyi)(1990), 몰입

자기 목적성과 관계가 깊다. 어떤 과업을 수행하는 과정에서 자신의 역량과 과제의 난이도가 적절하게 매칭이 될 때 일어난다고 설명한다. 만약 역량보다 낮은 수준의 과업이라면 권태감과 무기력을 느끼기 쉽다. 반면 너무 어려운 수준의 과업은 긴장과 불안감에 시달리게 만든다.

인간은 자신의 욕구가 어느 정도 충족되어야 몰입에 이를 수 있다. 리더는 구성원의 몰입 가능성을 높이기 위해, 구성원의 역량 수준과 과제의 특성을 잘 파악하고 부여해야 한다.

인간의 보편적 욕구는 무엇인가?

구성원의 몰입을 이끄는 가장 큰 요인은 욕구 충족과 관계가 높다. 이는 정신분석학자 프로이트의 주장과 일치한다. 그는 인간의 감정을 크게 쾌快와 불쾌不快로 분류하고, 인간의 가장 첫 번째 본능을 쾌락을 추구하는 존재, 만족을 추구하는 존재로 설명한다.

이런 관점에서 인간의 보편적 욕구에 대한 연구 결과를 이해하는 것이 필요하다. 인간 행동과 욕구에 대한 대표적인 내용인 '매슬로우의 욕구단계', '허츠버그의 2요인', '알더퍼의 ERG' 이론을 살펴보겠다.

매슬로우는 인간의 욕구를 동물적 본능에 가까운 생리적 욕구와 안전 욕구부터, 집단에 소속하고 그 속에서 존경과 인정을 받은 후 궁극적으로 가장 높은 수준인 자아실현 욕구까지 단계적으로 높아진다고 제시하였다. 그러나 하위 욕구의 충족이 이루어지지 않은 상태에서도 상위 욕구 충족을 위한 '배고픈 소크라테스'가 적지 않다는 비판을 받기도 했다. 게다가 인간의 행동은 단일한 욕구가 아닌 상호 복합적인 작용이라는 점을 지적

받았다. 그럼에도 1943년 이후 여전히 인간 욕구에 대한 설명력이 높은 이론으로 널리 사용되고 있다.

허츠버그는 1968년 구성원의 직무 만족을 유발하는 사건과 불만족을 유발하는 사건을 분류한 연구 결과를 발표하였다. 직무 만족을 이끄는 요인을 동기요인, 불만족을 유발하는 요인을 위생요인으로 2가지 요인을 제시하였다. 위생요인은 금전적 보상과 작업환경 등과 관련된 내용으로, 아무리 충분히 제공해도 '불만을 없애는 수준이 최선'이 된다. 반면 동기요인은 구성원이 만족하고 더 나은 능력을 발휘하도록 동기를 유발하는 요인으로, 일에 대한 보람과 성취감, 성장감과 도전 성과 인정 등이 있다. 주로 일 자체를 통한 만족과 연결되어 있다. 동기요인은 위생요인이 제거된 다음에 작동된다는 점을 유념할 필요가 있다. 그러나 이 연구는 조직에 속한 일부 구성원의 반응에 대한 조사 결과를 일반화한 것이라는 점에서 한계를 갖고 있다.

알더퍼는 매슬로우의 5단계 욕구단계설을 발전시켜 3단계 ERG 이론을 제시했다. 그는 개인의 욕구를 존재Existence와 관계Relatedness, 성장Growth의 계층으로 구분하였다. 알더퍼는 상위 욕구 충족이 안 될수록 하위 욕구가 강한 동기요인으로 나타난다는 점을 강조하였다. 예를 들어, 성장과 관계의 욕구가 좌절 또는 퇴행된 경우 하위 욕구인 존재를 위해 물질적 보상을 더욱 강하게 추구할 수 있다는 것이다. 매슬로우와 달리 여러 욕구가 동시에 나타날 수 있다고 보았다. 바꾸어 보자면, 알더퍼는 하나의 욕구에 대한 의미 부여보다는 전체적이고 종합적인 욕구 충족을 강조했다고 볼 수 있다.

몇 가지 연구 결과를 종합해 보면, 결국 집단 속에서 구성원의 몰입을 이끌기 위해서는 '낮은 수준의 욕구' 충족은 반드시 해결해야 하는 '허들'과 같은 최소 수준으로 볼 수 있다. 오늘날 대부분의 집단에 속한 구성원은 2차집단의 이익을 중심으로 결합된 특징을 갖고 있으므로, 외재적 측면의 보상과 심리적 안전이 명확하다고 느끼는 상황이 되어야 높은 수준의 욕구와 몰입을 기대할 수 있다. 불안이 지배하는 사회 현상 속에서 과거보다 '심신의 안전'에 대한 외재적 요건이 더 중요해졌다.

이러한 전제조건이 명확하게 충족된 이후, 구성원의 몰입을 이끌 수 있는 '동기요인' 또는 '고차적욕구'를 기대할 수 있다. 리더는 구성원의 존재와 성과에 대한 인정을 바탕으로, 그들이 성장과 성취감을 경험할 수 있도록 새로운 시도를 장려하고 권한을 위임해주어야 한다.

동기는 언제 유발되는가?

- 동기는 성과와 리더십의 핵심 변수

집단 속에서 구성원의 성과는 자기 자신과 환경의 상호작용을 통해서 만들어진다. 개인적 측면에서는 자신이 보유한 역량과 동기(또는 의욕)가 중요한 변수가 된다. 이를 간략한 방정식으로 표기하면 다음과 같다.

성과 = 개인(역량 × 동기) × 환경

리더는 구성원의 성과 수준을 높이기 위해 역량과 의욕을 높이는 것이 중요하다. 역량의 경우, 초기 단계에는 효과적이지만 이후에는 큰 변화가 없거나 정체되는 경우가 발생한다. 투입되는 비용과 시간은 높지만, 상황에 따라 큰 효과를 기대하기 어려울 수도 있다.

반면 구성원의 의욕은 하루에도 매우 큰 폭의 변화가 생기기도 한다. 사소한 외적 자극과 리더와의 상호작용을 통해 큰 영향을 받는다. 책 『리더십 챌린지』에서는 구성원의 의욕, 즉 동기 수준에 따라서 능력의 발휘 수준이

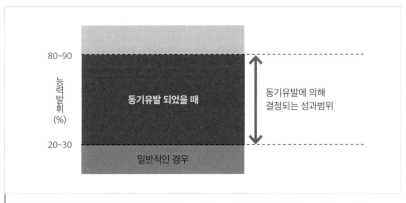

출처: 도서 『리더십 챌린지』 제임스 M. 쿠제스(James M Kouzes)·배리 Z. 포스너(Barry Z. Posner) 저

최대 3배 정도 차이가 발생한다는 점을 보고하였다.

- 동기의 개념

동기Motive란 '움직인다'라는 라틴어 'Movere'에서 유래되었으며, 어떤 목적을 위해 행동하려는 심리 상태를 말한다. 이를 구체화하면, 동기란 인간의 행동을 특정한 목표를 향해 활성화시키고 유지시키는 내적인 힘을 의미한다. 그 원인은 주로 욕구Needs, 필요Wants, 공포fear다.

- 동기의 분류

동기는 자신의 심리적 특징에 의한 '내적 동기'와 외부의 보상과 처벌에 의한 '외적 동기'로 구분할 수 있다.

내적 동기	외적 동기
욕구, 신념, 흥미, 호기심, 자기만족감, 성취감 등	보상, 포상, 징계, 처벌 등 사회문화적 요인

장기적이며 지속적인 행동을 기대한다면 '내적 동기'가 바람직하지만, 적절한 '외적 동기' 없이는 어려운 경우가 많다. 시작은 '외적 동기'로 출발하지만, '내적 동기'로 전환하도록 이끄는 것이 필요하다.

미국의 심리학자 토리 히긴스는 인간의 동기를 '접근'과 '회피'로 구분하여 설명하였다. 접근은 도달하고 싶은 강한 열망을 말하며, 회피는 두려움과 공포로 볼 수 있다. 예를 들어, 접근 동기는 '칭찬받기 위해' 공부하는 것으로 볼 수 있고, 회피 동기는 '혼나지 않기 위해' 공부하는 것으로 설명할 수 있다.

그 행동이 성공했을 때 '접근 동기'에 의한 경우는 '기쁨'을 느끼고, '회피 동기'에 의한 경우는 '안도감'을 느낀다. 반대로 실패했을 때 '접근 동기'에 의한 경우 '슬픔'을, '회피 동기'에 의한 경우 '불안감'을 느낀다.

구 분	접근 동기	회피 동기
성공할 경우 느끼는 감정	기쁨	안도감
실패할 경우 느끼는 감정	슬픔	불안감

달리 표현하자면, '회피 동기' 때문에 특정한 노력을 하는 경우 성공했을 때 '안도감'이 최대이고, 대부분 '불안감' 속에 살아야 함을 의미한다. 그러 므로 '접근 동기'가 장기적으로 효과적이다.

인간은 여러 대안 중에서 가장 이득이 되는 행동을 선택한다. 브룸은 '기대이론'을 통해 보상이 얼마나 매력적인지와, 자신이 열심히 노력하면 달성할 수 있는지, 그리고 그 달성 결과가 보상에 유용한 수단이 되는지에 따라 동기 유발의 힘이 달라진다고 설명하였다.

이를 요약하자면, 집단 속 구성원의 몰입을 이끌기 위해서는 최소 수준 인 외재적 보상과 적절한 환경을 제공해줘야 한다. 그러나 이는 불만을 소 거하는 수준 정도임을 기억해야 한다. 리더는 일 자체의 의미와 추진 과정 에서의 자율성과 성장을 도울 수 있어야 한다. 이는 구성원의 동기는 외재 적 보상에 가까운 '동기 부여'가 아닌, 내적 측면의 욕구를 실현하도록 이끄 는 '동기 유발'이 적합함을 잘 설명한다. 리더는 장기적으로 '구성원의 내적 동기'를 자극해야 한다.

2

구성원과의 신뢰를
형성하는 방법

스티븐 코비는 『신뢰의 속도』에서 신뢰 수준이 소통의 비용과 속도를 결정한다고 강조하였다. 예를 들면, 불필요한 검증 절차를 거쳐야 하는 '등기와 공시제도' 같은 것들이다. 마치 유태인 보석상 이야기처럼 '높은 수준의 신뢰'는 보증도 필요 없이 빠르게 거래를 이끌기도 한다. 집단 속 리더와 구성원의 관계도 그렇다. 신뢰 수준은 집단의 성과와 구성원의 몰입을 결정하는 중요한 변수가 된다.

- 구성원에게 관심을 보여주기

2009년 구글에서는 최고의 리더는 어떤 특징을 갖고 있는지를 조사하는 '산소프로젝트'를 진행했다. 그 결과 학력과 경험 등 전문성이 탁월한 리더가 아닌, 구성원의 성공과 행복 같은 개인적 관심사를 기억하고 정기적으로 1대1 면담을 진행하는 리더로 나타났다.

구성원의 관심사를 알기 위해서는 개인적 사항에 대해 기억하기보다 기록하는 것이 효과적이다. 예를 들어, 다음과 같은 사항은 꼭 확인 후 기록할 필요가 있다.

구분	세부 내용
사는 곳은? (구체적인 주소)	
가족 구성원은?	
졸업 학교 및 전공?	
이전 경력?	
특기는?	
취미는?	
음주 여부, 주량은?	
별명은?	
미래 비전?	
성격상의 장/단점?	
자랑거리는?	
고민거리는?	
좋아하는 음악은?	
좋아하는 색깔?	
기타 좋아하는 것?	
기타 싫어하는 것?	
최근 관심사항은?	

여기서 꼭 주목해야 하는 부분이 있다. 개인적 관심사 또는 약점 등에 대해서 철저하게 보안을 유지하는 것이 병행되어야 한다. 구성원이 가진 단점과 약점을 비밀로 유지하거나, 타인이 노출하는 행위를 제재해야 한다.

- 일관성을 유지하기

평소의 생각과 말, 그리고 실천하는 행동이 일치하는 모습을 보여주어야 한다. 바꾸어 말하자면 '언행일치'의 모습, 정직함이 필요하다. 리더의 말만 믿고도 일할 수 있는 상황이 되어야 한다. 예를 들어, 평소 '납기 준수'가 가장 중요하다고 강조했다면 이를 만족시키기 위해 '예산 초과 또는 품질 미달' 등은 감수해도 질책을 받지 않을 것이라는 믿음이 있어야 한다. 이것이 바로 구성원 입장에서 '예측 가능성'을 높여준다.

상황에 따라서 강조점이 달라진다면 신뢰할 수 없다. 만약 리더의 말실수에 대한 정정이 필요하다면, 일관성을 고집하기보다는 솔직하게 사과하는 것이 더 중요하다.

- 목표 달성에 필요한 능력이 있음을 보여주기

리더는 구성원들에게 자신이 목표 달성에 필요한 경험과 지식, 실력을 충분히 갖추고 있음을 인식시켜 주어야 한다. 구성원 입장에서 집단과 자신의 문제를 해결할 수 있는 능력을 의미한다. 구성원은 자신의 문제해결에 구체적인 도움을 제공하는, 바꾸어 말하자면 '가치를 제공하는 리더'를 신뢰한다.

실증연구 결과를 바탕으로 작성된 『리더십 챌린지』에서도 비슷한 내용이 소개됐다. 전 세계적으로 존경받는 리더들의 변하지 않는 공통점은 '구성원으로부터 신뢰를 받는 것'이다. 신뢰의 근거는 리더의 유능함, 정직함, 미래지향성, 영감을 주는지 4가지였다. 미래지향성과 영감을 제공하는 것은 구성원에게 구체적인 가치를 제공하는 것으로 볼 수 있다.

3 구성원에게 가치를 **제공하는 방법**

장기적 관계는 계약을 넘어, 유용한 가치를 교환한다!

집단 속 구성원은 자신의 기대와 공유하는 부분이 많을 때, 몰입할 가능성이 높다. 만약 집단을 설립한 시점에 참여했다면, 이를 전제하고 있다는 점에 의문의 여지가 없다. 그러나 오늘날 절대다수는 이미 구성된 집단의 구성원이 된 경우가 많다. 그러므로 집단이 지향하는 목표와 문화에 전적으로 동의한다고 가정하기에는 한계가 존재한다.

예를 들어, 어떤 회사에 입사하는 과정을 떠올려 봐도 좋다. 채용 권한은 대부분 회사 측에 있다. 구성원 입장에서는 최종 선택할 기회는 존재하지만, 딱히 매력적인 대안이 없거나 유일한 경우라면 '가치와 무관하거나, 일부의 가치만 동의한 수준'으로 볼 수밖에 없다. 조직의 핵심가치, 전략, 비전, 급여, 전문성 발휘, 근무 조건, 성장 가능성 등의 다양한 요소를 모두 만족하는 경우는 찾기 어렵다.

앞서 구성원은 개인적 관심사의 충족 수준에 따라서 '몰입 수준'이 달라질 수 있음을 확인해보았다. 만약 일터라는 집단을 '임금과 근로'의 교환이라는 거래적 측면만 생각한다면, 계약 조건에 명시된 '성과 책임'을 넘어 다른 기대를 하기 어렵다. 조금은 딱딱하게 들릴지 모르겠지만, 일터를 객관적으로 이해하자면 '노동시장'에서 사용자와 근로자가 서로 '권리와 의무'를 교환하는 '쌍무계약'으로 볼 수 있다.

실제 대부분 일터에서 '관계는 근로계약'을 기반으로 시작하게 된다. 그러나 '관계를 지속하게 하는 힘'은 상호 의미 있는 가치를 제공했을 때이다.

익숙한 예를 들어보겠다. 노동시장도 '보편적 시장의 원리'가 적용된다. 모든 시장은 수요와 공급이 만나는 지점에서 가격이 형성된다. 이때 정기적으로 특정한 물건과 서비스를 구매해야 하는 입장이라면, 누구와 거래를 하게 될까? 아니 일반적으로 '음식과 식재료 구입'은 주로 어디에서 할까? 아마도 '단골거래처'에서 할 것이다. 이유는 간단하다. 가격이 저렴하거나, 가격은 비슷하지만 다양한 종류의 물건을 판매하거나, 주차서비스가 편리하거나 종업원의 친절도가 높기 때문일 수 있다. 여러 가지 다른 이유들 때문에 '장기적으로 거래를 유지'하는 것이 분명하다. 이런 이유를 바꾸어 말하자면, '소비자 입장에서 유용한 가치'를 제공하기 때문으로 볼 수 있다.

노동시장도 동일하다. 상대방이 '임금 지급과 인격권'을 보호하는 기본적인 의무를 넘어서, '자신의 소질과 적성에 맞는 직무를 제공'하거나, '새로운 경험을 할 수 있는 기회'이거나, '출퇴근에 편리한 위치'에 있거나, '전문성을 향상할 기회'를 제공해 주기 때문으로 볼 수 있다. '구성원 입장'에서 가치 있는 것이라고 판단될 때, 그 관계는 지속적으로 이어질 수 있다. 물론 '사용자와 리더' 입장도 동일하다. '구성원'이 역량과 의욕 수준이 높

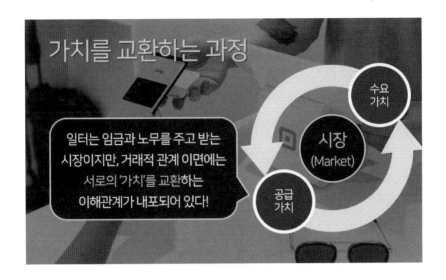

고, 책임감과 정직성을 토대로 꾸준히 자신의 성과를 책임지며 '일터의 가치 창출에 기여'한다고 판단될 때이다.

요약하자면, 리더는 구성원에게 유용한 가치를 제공해야 한다. 외재적 보상과 계약 수준을 넘는 다양한 가치를 발굴한다면, 충분히 제공할 것이 많다. 그러므로 리더는 구성원의 입장에서 '관심사'를 꾸준히 파악하고, 이를 '충족'시키기 위한 구체적인 활동을 실천해야 한다.

구성원이 기대하는 가치는 무엇인가?

구성원 입장에서 관심사는 보편적인 것과 개인적인 것이 존재한다. 앞서 살펴보았던 '인간의 욕구와 동기'에 대한 이해가 '보편적 관심사'로 볼수 있다. 아마도 다수의 구성원에게 효과적으로 제공할 수 있는 방법을 고

민한다면, '보편적 관심사'에 주목하는 것이 효과적이다. 다만 모든 사람이 동일하다는 전제가 무너지고 있다는 점을 고려한다면, 구성원 고유의 관심사가 무엇인지를 파악하는 작업은 매우 중요하다.

보편적 관심사	개인적 관심사
매슬로우 욕구단계설 허츠버그 2요인 알더퍼 ERG 이론	구성원의 특수한 상황에 적합한 기대사항과 우려사항

많은 연구에서 소개하는 일터에서 구성원들의 보편적 기대사항은 다음과 같다.

- 경제적 보상

- 인격권 존중

- 다양성 인정

- 개인적 배려

- 인간적 관계

- 의미 추구 (개인적, 사회적)

- 명확한 소통

- 공정한 평가와 인정

- 전문성 발휘 경험

- 경력 개발 (장기적 커리어)

- 역량 개발 (학습과 성장)

- 안전 (신체적, 심리적)

다니엘 핑크는 그의 책 『드라이브』에서 허츠버그가 강조한 동기요인과 비슷한 결론을 강조했다. 일터에서 구성원의 몰입을 이끄는 데 가장 중요한 3가지 요인을 다음과 같이 제시했다.

첫째는 자율성Autonomy이다.

과업 추진 과정에서 '무엇을(업무), 언제(시간), 어떻게(기술) 누구와(팀) 할 것인지 스스로 결정할 수 있을 때' 동기가 높아진다.

둘째는, 전문성Mastery 향상이다.

칙센트 미하이가 강조한 몰입과 비슷하다. 도전적인 과제를 해결하는 과정에서 전문성이 성장하고, 성취감을 경험할 때 온전히 몰입하게 된다.

셋째는, 목적성Purpose이다.

자신이 담당하는 과업에 대한 명확한 목적을 이해하고, 더 큰 의미를 부여하는 경우 더욱 몰입한다. 자신이 담당하는 과업이 '어떤 목적 아래 추진하고 있는지'를 정확히 이해할 때 더욱 열심히 한다.

- 불안한 구성원의 심리적 안전감을 높이는 3가지 방법

변화 환경의 경쟁과 복잡함은 다시 돌아오기 어려운 '비가역성'을 갖고 있다. 다시 말해 앞으로 더욱 빨라지고, 복잡해질 가능성이 높다. 그러므로 현대사회를 예견했던 에리히 프롬의 지적이 현실이 된 셈이다. 불안감, 고립감, 무력감이 보편적 정서가 된 시대를 살게 되었다. 이 중 가장 힘이 센 것은 '불안감'이다. 공포는 대상이 명확하다. 예를 들어, 바이러스와 고소

공포증 등이 그렇다. 반면 불안은 대상이 없다는 것이 가장 큰 위험이다. 불안감 속에서 인간은 합리적 또는 이성적 사고를 하기 어렵다.

인간의 욕구에 대한 학습 결과 '저차원의 욕구', '외재적 보상'에 대한 관심이 충족되지 않으면, 그다음의 고차적 욕구를 기대하기 어렵다는 점이다.

그러므로 리더는 '심리적 안전감'을 높임으로써 가장 큰 가치를 제공할 수 있다. 이는 '예측 가능성'과 '선택 가능성', '통제가능성'으로 나누어 설명할 수 있다.

첫째, 예측가능성이다.

리더는 구성원과의 상호작용 속에서 발휘하는 소통을 통해, 예측 가능성을 높일 수 있다. 다음의 3가지 관점을 사전에 점검한다면, 이를 높이는 데 유용하다.

- 명확하고 구체적인가?
- 예외 없이 '확실'한 것인가?
- '즉시' 확인이 가능한가?

둘째, 선택 가능성이다.

구성원의 '선택 가능성'은 유일한 선택지를 제공하거나, 양자택일로 요구하는 것이 아니다. 리더가 결정하고, 구성원은 따라야 한다는 패러다임을 포기하는 것이다. 구성원 입장에서 다양한 선택이 가능한 상황이라고 판단될 때, '자기결정성'이 확보될 때 심리적으로 안전하다고 느낄 수 있다. 리더는 일상의 의사결정 상황에 협의와 합의 과정을 통해 실천할 수 있다.

셋째, 통제 가능성이다.

통제 가능성은 구성원이 어떤 자원을 투입하고 노력하는지에 따라서 결과가 달라질 수 있는지 여부다. 아무 노력해도 불가능하다면, 좌절을 느끼게 된다. 자신의 권한과 전문성으로 하기 어렵다면, 통제할 수 없고 그저 '운명'이나 '타인의 결정'에 맡기게 되는 형국이다. 리더는 구성원에게 과업의 난이도와 중요도, 구성원의 자신감과 역량을 고려해 최대한 권한을 위임해야 한다. 스스로 판단하고, 결정할 수 있도록 기회를 제공해야 한다.

이처럼 불안한 구성원의 심리적 안전감을 높이는 가치를 실현하기 위해서는 '구성원과의 정기적인 면담'이 매우 효과적인 형식이 된다.

이상에서 살펴본 바와 같이, 물질적 교환을 넘어서 추상적 가치를 발굴하고 제공하는 활동은 구성원의 몰입을 돕는 중요한 리더십 행동이다.

4

구성원의 성장을
돕는 방법

국내외 대부분 기업들의 '직원 몰입도 조사Employ Engagement Survey'를 해 보면, 가장 낮은 점수를 보이는 항목이 '직원 육성에 대한 만족도'이다. 초일류 기업에서도 상대적으로 가장 낮은 항목으로 나타나는 패턴을 보인다. 왜 그럴까? **사실 '육성'은 단순한 성장을 의미하지 않기 때문이다. 정확하게는 '노동시장에서 자신의 몸값이 높아지는 것에 대한 관심'이 가장 높다는 점을 의미한다.** 구체적으로 자신이 속한 집단 속에서 '우수인재High Potential, High Performer'로 인정받게 되거나, 외부의 더 좋은 기회의 이직 제안을 받을 수 있는지에 관심이 높다는 것이다. 이 또한 생존에 대한 불안의 다른 표현으로 이해하면 자연스러운 욕구로 볼 수 있다.

이처럼 집단과 관계를 맺는 구성원은 자신의 '성장 가능성'을 고려해서 참여할 집단을 선택하기도 한다. 리더는 제공할 수 있는 다양한 가치 중 구성원의 성장을 위한 다양한 활동에 시간과 노력을 할애해야 한다.

세계적인 리더십 전문기관 CCL의 연구 결과에 따르면, 집단 속 구성원의 성장을 지원하는 가장 효과적인 방법은 '일을 통한 성장'이라는 점을 이미 강조한 바 있다.

모든 인간은 시행착오를 통해서 '새로운 지식을 습득하고 행동을 변화'하는 학습을 하게 된다. 다만 혼자 겪는 시행착오는 시간과 비용이 많이 든다는 단점이 있다. 이를 극복하도록 돕는 것이 리더가 제공하는 코칭과 멘토링이다. 그러므로 리더가 구성원에게 적합한 과업을 통한 경험을 부여하고, 이를 성공적으로 달성할 수 있도록 코칭과 멘토링 제공하는 것이 효과적인 육성 전략이라 할 수 있다.

아무리 훌륭한 육성 프로그램이라도 구성원의 수준에 적합하지 못하다면, 효과성을 기대하기 어렵다. 리더의 좋은 의도뿐 아니라, 구성원 입장에 적합한 것인지를 고려하는 과정이 우선되어야 한다.

이를 위해 캔 블렌차드와 폴 허시가 고안한 상황대응 리더십을 기반으로 접근하면 효과적이다. 그들은 리더의 개입 행동이 구성원의 역량과 의욕 수준에 따라 달라져야 함을 강조했다. 이게 바로 '리더십 스타일'을 의미한다. 리더십 스타일은 구성원과의 구체적인 소통 장면에서 발휘된다. 구성원에 대한 리더의 행동은 크게 '지시적Directive 행동'과 '지원적Supportive 행동'으로 나눌 수 있다. 상황대응 리더십에서는 리더십 스타일을 크게 지시형Directing, 코치형Coaching, 지원형Supporting, 위임형Delegating으로 제시했다.

각각의 리더십 스타일은 구성원의 성숙도에 따라 다르게 사용해야 한다. 구성원의 성숙도는 회사의 신입사원이 역량을 갖추고, 높은 성과를 발휘하는 과정으로 이해하면 쉽다. 상황대응 리더십에서는 이를 단계적으로 제시하였다.

1단계, 지시형 역량 낮음 의욕 높음	2단계, 코칭형 역량 낮음 의욕 낮음	3단계, 지원형 역량 중상 의욕 가변적	4단계, 위임형 역량 높음 의욕 높음

1단계: 구성원들의 역량은 낮지만, 의욕은 높은 수준 → 지시형 리더십

발달 단계를 고려해 본다면, 신입사원과 같은 모습으로 볼 수 있다. 이 단계의 구성원들은 목표와 달성 방법에 대한 정보와 학습 니즈가 높기 때문에, 리더의 공식적 개입을 긍정적으로 생각한다. 리더는 과업 측면에서 명확한 목표와 결과 수준을 제시해야 한다. 계획을 수립할 때, 가능한 한 구체적으로 수립할 수 있도록 지원해주어야 한다. 주로 방향을 제시하거나 지시하는 유형의 **'지시형 리더십 스타일'**이 적합하다. 구성원의 업무에 대한 대부분을 리더가 결정하고, 진행 과정에 대해서 자주 확인하고 피드백을 제공해야 한다.

2단계: 구성원들의 역량은 조금 향상되었지만 아직 낮은 수준이며, 빠르게 성장하지 못한 탓에 의욕도 낮아진 수준 → 코칭형 리더십

새로운 업무를 배우는 과정을 통해 나름 열심히 연습하고 시간도 흘렀는데 좀처럼 기대하는 수준으로 성장하지 못해 좌절한 모습으로 볼 수 있다. 과업의 난이도와 복잡성을 고려해 볼 때, 높은 수준의 역량을 습득하기에는 적지 않은 시간이 필요하다. 구성원은 실수에 대한 두려움이 커지기 때문에, 칭찬과 허용에 대한 '리더의 지원적, 관계적 행동'에 대한 기대가 높다. 특히 개인적인 고충과 어려움을 상의할 대상이 필요한 상황이다.

리더는 구성원의 고충을 청취하고, 의견 공유 기회를 제공하고, 의사결정 과정에 참여를 유도하는 **'코칭형 리더십 스타일'**이 적합하다. 전문성 향상을 위한 구체적인 방향을 제시하고, 유용한 조언을 제공해야 한다. 과업 측면에 있어서도, 진행 과정에 대한 피드백과 지속적 확인을 병행하는 '지시적, 관리적 행동'을 보여야 한다.

3단계: 역량은 높아졌으나, 아직 의욕이 가변적인 수준 → 지원형 리더십

다양한 경험과 지원 아래 충실히 역량을 향상시켰음에도 불구하고, 본인이 직접 무언가를 주도적으로 이끌어 나간 경험이 없기에 자신감이 부족한 상황이다. 구성원은 자신감을 갖고 새롭게 시도하거나, 자신의 아이디어를 표현할 수 있는 기회를 기대하고 있다. 높은 수준의 업무 수행에 대한 인정과 칭찬, 문제해결에 대한 격려와 지원을 필요로 한다.

리더는 구성원의 자율성을 높인다는 측면에서 지시 행동을 낮추고, 지원 행동은 높이는 방식의 **'지원형 리더십 스타일'**이 적합하다. 과업 수행 과정에 주도성을 발휘할 수 있는 기회를 자주 제공해주어야 한다. 구성원의 고충과 아이디어에 대해서 청취할 수 있는 기회를 정례화해주는 것이 효과적이다. 이 과정에서 구성원의 성공과 새로운 시도에 대한 확신과 격려를 구체적으로 표현해주어야 한다. 자신의 능력을 객관적으로 검증하고 평가할 수 있는 기회를 제공해야 한다.

4단계: 역량도 높고, 의욕도 높은 수준 → 위임형 리더십

구성원들이 가장 바람직한 성숙도 수준을 갖고 있다. 구성원은 집단 속에서 스스로 역할을 인식하고 다양한 이슈를 독자적으로 처리할 수 있는 역량을 보유하고 있다. 이 수준에서 구성원은 리더를 '동료와 조언자'의 역할로 이해한다. 그러므로 자율적 과업 수행에 필요한 권한과 신뢰를 기대한다. 종종 리더의 개입은 불편한 간섭으로 받아들여질 수 있다.

리더는 구성원이 스스로 책임지고 과업을 수행할 수 있도록, 목표 설정과 계획 수립 그리고 의사결정 단계의 전반적인 권한을 위임하는 **'위임형 리더십 스타일'**이 적합하다. 리더의 공식적 개입을 최소화하는 유형이다. 성과와 공헌에 대한 인정과 보상을 제공해야 한다. 그리고 집단 내부의 다른 구성원들을 지도할 수 있는 기회를 제공해도 좋다. 종종 더 높은 수준의 향상을 위한 도전메시지를 전달하는 것도 필요하다.

이상에서 살펴본 바와 같이 리더가 다양한 리더십 스타일을 발휘하기 위해서는 먼저 구성원의 현재 수준을 판단해야 한다. 이를 효과적으로 돕기 위해서 2×2 형태의 매트릭스에 위치를 표기해 보는 것이 '직관적 이해와 대응 전략 선택'에 효과적이다.

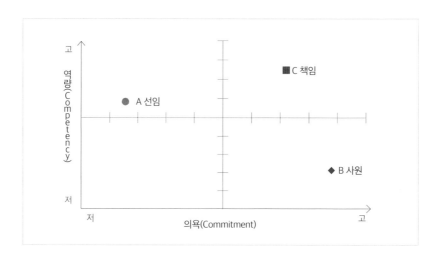

리더 입장에서 다양한 리더십 스타일을 개발하는 것은 중요한 과제다. 많은 리더들이 '자신에게 익숙한 스타일'을 선호하기 마련이다. 특히 스트레스 상황에서는 가장 선호하는 스타일만 사용할 가능성이 높기 때문에 주의가 필요하다. 아무리 훌륭한 리더십 스타일이라도, 구성원의 상황에 적합하게 미세 조정해야 된다는 점을 꼭 유념해야 한다.

구성원의 유형별로 육성을 위한 리더의 행동으로 다양한 방법을 발굴하고 꾸준히 실천하는 것이 중요하다. 몇 가지 방법을 소개하자면 다음과 같다.

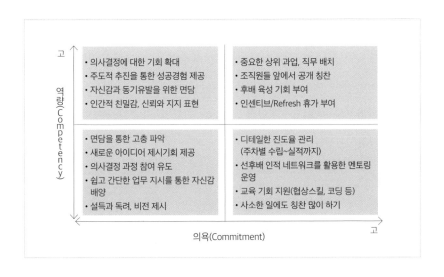

5

구성원과
면담 방법

리더가 구성원에게 구체적인 가치를 제공하는 구체적인 형식 중 가장 효과적인 방법이 '면담'이다. 리더는 면담을 통해서 구성원의 고충을 청취하고 처리하도록 도와줄 수 있다. 리더는 면담 과정에서 구성원의 문제해결을 지원하고, 성장을 위한 코칭과 피드백을 제공할 수 있다. 전체 구성원이 함께하는 자리에서 소통하는 것과 달리, 개인적 질문과 관심사에 맞추어 솔직한 피드백을 줄 수 있다.

면담은 언제 하는가?

일터에서의 면담 하면 무엇이 떠오르는가? 학창시절 평소 무서워하던 선생님의 교무실 호출을 연상하지 않을까 싶다. 더러는 영화 속 취조실이 오버랩 되기도 한다.

소중한 사람들과 관계에서도 마찬가지다. 평소 자연스러운 소통의 기회가 없기 때문에, 흔히 '용건 또는 이슈'가 생길 때 '갑작스러운 면담'을 요청한다. 이때 구성원 입장에서는 '불안감'이 높아지게 된다. '혹시 내가 잘못한 일이 있나?' 하고 기억을 더듬어 보기도 한다.

구글 산소프로젝트에서 '최고의 리더'의 특징에 대한 연구는 이를 잘 설명한다. 다양한 리더 중 최고의 리더로 선정된 사람들의 공통 특징은, 구성원의 개인적 관심사를 기억하고 정기적인 면담을 통해서 이를 물어봐 준다는 점이다.

여기서 시사점은 '정기 면담'이 더 효과적이라는 점이다. 구성원 입장에서 '예측 가능성'이 높아, 심리적으로 안전하다고 생각할 수 있기 때문이다. 정기 면담은 구성원을 위한 '리더의 의무'라는 점을 인식하고 공표해야 한다. 개입과 잔소리가 아니라, 도움을 제공하기 위한 '진정성'을 꾸준히 실행함으로 입증해야 한다. 적어도 3번 이상 반복되면 구성원은 자연스러운 루틴으로 인식하기 시작한다. 그때부터는 '편안함'을 느끼고 '사전에 이야기할 주제를 준비'하는 행동이 증가한다.

면담의 절차와 스킬은?

면담은 심리적 요인을 잘 이해하고 접근할 필요가 있다. 불안이 보편적 정서라는 점을 참고하고, 방어기제를 제거하도록 도와줘야 한다. 구성원 입장에서 최대한 편안한 상황, 자신에게 도움이 되는 시간이라고 인식할 수 있도록 '긍정 경험'을 설계하는 것이 필요하다.

첫째, 면담의 시기를 결정할 선택권을 제공해야 한다.

구성원에게 '선택 가능성'이 있다는 점을 느낄 수 있도록 해야 한다. 적어도 2가지 이상의 선택권을 부여하고, 결정은 구성원이 하도록 기회를 주어야 한다. 구성원은 이를 예측하고 준비할 수 있다.

둘째, 면담을 시작할 때 편안한 환경을 만들어 주어야 한다.

인간 행동은 환경의 영향을 많이 받는다. 면담 시에도 동일하다. 가장 편안한 장소를 선정해야 한다. 구성원이 편안하게 느낄 수 있는 자리를 제공해야 한다. 면담 장소는 독립된 회의실 또는 카페가 좋다. 혹 사무실이라도 외부의 방해를 받지 않도록 고려해야 한다. 선호하는 음료와 간식을 준비하는 것도 방법이다. 누군가와 음식을 나누는 것만큼 '좋은 의도'를 전달하는 효과적 방법이 별로 없다. 기록을 하게 되는 경우, 사전에 '기억하고 후속조치follow-up가 필요한 사항을 기록하기 위함'임을 명확히 밝히고 양해를 구하는 절차가 필요하다.

셋째, 면담 중에는 구성원이 주로 말하고 리더는 들어야 한다.

면담 시 구성원에게 '리더가 가치를 제공'하기 위해 마련했음을 일관되게 느끼게 해주어야 한다. 면담 주제를 미리 알려주는 것도 좋다. 면담 준비를 돕는 효과를 기대할 수 있다. 구성원은 마음이 열리면 자신의 생각과 감정을 표현하기 시작한다. 이를 자연스럽게 이끄는 기술이 '질문'이다.

- 평소 구성원의 관심사에 대해 질문한다.
  (*"어제 야구경기 봤죠? 정말 인상적이었는데요. 어떠셨나요?"*)
- 경력개발 계획과 자기개발 활동에 대한 현황을 질문한다.

("자격증 시험 얼마 남지 않았지요?")

- 집단 동료들과 관계 속에서 겪고 있는 고충을 질문한다.

("요즘 어려움은 없나요?")

- 과업에 대한 추진 현황과 도움이 필요한 부분을 확인한다.

("제가 도울 일이 있나요?")

관련 주제에 대한 '열린 질문'을 통해 말하도록 요청하고, 경청하고 있음을 몸으로 보여주어야 한다. 그리고 모호한 사항에 대해서는 '추가 질문'을 하는 것도 효과적이다.

넷째, 적절한 상황에 리더의 기대치를 전달한다.

구성원이 책임감 있게 과업을 수행하는 점에 대한 '인정과 칭찬, 감사'를 전할 수 있다. 미진한 이슈에 대해서는 '개선과 행동 교정'을 요청할 수도 있다. 집단 전체의 목표 달성을 위한 약속 준수, 진척도에 문제가 있다면, 객관적 피드백 과정이 꼭 필요하다.

과업 수행 과정 중에 '과업 중심 소통'은 일상적으로 빈번하게 이루어질 수 있다. 면담 중에는 '일하는 방식과 관계, 소통'에 대한 문제 행동 이슈를 다루기에 적합하다. 리더 입장에서 이슈마다 '불편한 피드백'을 제공한다면 관계를 악화시킬 수 있다. 별도의 면담 형식을 통해서 '직면Confrontation' 할 수 있다. 집단 차원의 문제행동을 방치하거나, 용인하는 모습을 보이면 전체의 공정성 이슈를 유발할 수 있다.

까다롭고 어려운 주제일수록, 형식이 매우 중요하다. 상대방에 대한 존중감과 바른 호칭 사용, 그리고 객관적 사실 중심의 묘사 방식이 효과적인 전략이 될 수 있다.

- 과업 수행 또는 추진 과정에 대한 목표 수준을 명확히 전달한다.

  ("제 입장은 이번주까지는 해결해야 된다고 생각합니다. 가능할까요?")
- 과업 수행 방법과 역량 개발을 위한 행동 개선 피드백을 제공한다.

  ("앞으로는 사전에 가볍게 협의하고 진행했으면 좋겠습니다. 어떻게 생각하세요?")

다섯째, 면담을 종료할 때 구성원에 대한 격려와 후속조치가 필요한 사항을 명확히 한다.

면담은 자연스러운 진행이 바람직하지만, 격식을 갖춘 소통이 분명하다. 편안한 대화를 통해, 공감대와 신뢰를 형성하는 것은 기본 전제가 된다. 그러나 종종 주제가 무겁고, 민감한 경우도 있다.

고충에 대한 접수와 처리, 과업 추진 일정, 자기개발과 행동변화 약속 등은 반드시 기록한 것을 명확히 재확인해야 한다. 그리고 차기 면담은 언제 진행하고 어떤 내용을 다시 확인할지 합의하는 과정이 필요하다.

가장 오래 기억에 남는 것은 마지막 순간이다. 리더의 좋은 의도가 왜곡 없이 전달될 수 있도록, 감사와 격려의 메시지를 전달하고 마무리해야 한다.

리더의 소통 스킬과 관련한 추가적인 내용은 6장에서 소개하였다.

이번 장에서는, 모든 집단의 리더라면 반드시 책임져야 하는 '구성원의 몰입'에 대한 역할과 방법을 소개했다. 대부분의 구성원이 집단의 모든 가치를 공유하는 것은 아니다. 그러므로 리더는 집단의 목표와 구성원의 개인적 관심사를 모두 충족하도록 도와야 한다.

이를 통해 '리더가 구성원에게 가치'를 제공할 수 있다. 구체적으로 일터에서 구성원의 성장을 돕는 방법과 면담 방법이다. 구성원에 대한 리더십 효과성을 높이기 위한 전제는, 신뢰형성과 가치 제공이다.

집단의
프로세스를
최적화하기 위한 역할

아폴로 신드롬에 대한 이야기를 들어본 적이 있는가? 영국의 경영학자 벨빈이 『팀 경영의 성공과 실패』라는 책에서 처음 소개한 개념이다. 그는 10년 정도의 연구 결과로 뛰어난 역량을 가진 사람들로 구성된 팀이라 해도 최고의 성과를 확실히 보증하기 어렵다는 점을 강조했다. 왜냐하면, 구성원들의 대립과 갈등, 정치 역학적인 위험 때문이다.

메타버스 시대 시공간의 제약 없이 다양한 형태의 집단이 새롭게 출현하고 있다. 특히 다양성을 전제로 협업하는 기회가 꾸준히 증가하고 있다. 각자의 이익을 기반으로 모여, 더 나은 결과인 '시너지'를 발휘하기 위해서는 여전히 넘어야할 과제가 적지 않다.

1913년 프랑스 학자 링겔만Ringelmann은 줄다리기 실험을 통해, 팀별로 구성원 인원을 늘릴수록 개인별 힘의 크기가 줄어드는 현상을 확인했다. 총 8명 정도까지 인원을 증가시켰더니, 원래 쓰던 힘의 64% 정도밖에 사용하지 않았다. 이런 현상을 '링겔만 효과'라고 불렀다.

이유는 간단했다. '익명성' 때문에 '책임의 분산'이 일어났다. 구체적으로 집단 구성원 중 누가 태만했는지를 밝히기가 쉽지 않기 때문이었다. '나 하나쯤이야'라는 사고가 '사회적 태만'을 빠르게 확산시킨 셈이다. 예를 들어 단체 줄다리기 경기를 할 때, 큰 목소리로 함께 노래를 부를 때, 무거운 짐을 함께 운반할 때를 떠올려 봐도 좋다. 함께하는 동료 중 '누군가 힘을 빼는 경우'가 종종 발생한다. 사소한 과제의 경우도, 공동의 책임으로 할당한 경우 '소홀히 관리'할 가능성이 있다. 각자의 역할을 명확히 나눠 책임을 완수하는 '팀워크', 즉 '시너지'를 발휘하는 집단이 더 큰 성과를 창출한다는 점에 주목할 필요가 있다.

1

집단의 바람직한 문화를
구체화하라!

문화란?

문화란 매우 포괄적인 개념이다. 인간의 역사를 살펴보면 보다 쉽게 이해할 수 있다. 약 1만 년 전 고대인들은 수렵과 채집 생활에서 벗어나 가축과 농경생활을 시작했다. 그리고 집단을 이루어 한 지역에 오랫동안 머물러 사회를 형성하게 되었다.

문화는 원래 '농업'의 영어 표현인 Agriculture와 어원이 같다. 이는 '경작하다'라는 뜻의 라틴어 Cultus에서 유래한 것이다. 이를 종합해보면, 문화란 인간이 공동체를 이루어 정착하며 공유하게 된 생활양식과 언어, 가치관, 제도 등을 총망라하는 개념이다.

문화를 통해 공동체의 지식을 공유하고, 영속적인 발달을 이어올 수 있었던 것이다. 문화는 공동체 전반에 영향을 미치고, 후대에 전수되는 사회화 기능도 수행한다. 명시적인 것도 있지만, 암묵적인 형태도 많다. 그러므로 집단 구성원 전체에 매우 큰 영향력을 행사한다. 이것이 교육제도의 역할이다. 구성원들은 소속 집단 속에서 오랜 시간을 보내면서 자연스럽게 공동체의 '가치'를 나의 것으로 '내재화'하게 된다.

장기적 성과에 큰 영향을 미치는 문화

맥킨지 컨설팅에서는 1980년대 조직의 성과 향상을 위한 7가지 영향 요소를 진단하는 7S 모델을 고안하였다. 이후 현장에서 다양한 산업과 조직에 적용하여 오늘날까지 널리 사용되고 있다.

조직 성과에 영향을 미치는 Hard 요소로는 경영전략, 조직구조, 운영체계가 있다. 이는 조직 운영 방향의 기준으로 작동한다. 한 번 정립이 되면, 원칙과 프로세스를 철저하게 준수해야 하는 다소 경직된 요소로 볼 수 있다.

출처: The McKinsey 7S Model(www.mckinsey.com, 7-S framework 기준 재가공)

반면 공유가치, 구성원, 조직능력, 조직풍토는 과업 수행 과정에서 발현되는 '사람'과 관련한 Soft 요소이다. 과거 헤이그룹Haygroup 컨설팅에서는 조직의 리더십과 문화로 설명될 수 있는 조직풍토Style가 전체 성과의 30% 정도를 결정한다는 연구 결과를 제시하기도 했다.

요약해보면, 집단 내부에 오랜 시간 축적된 문화와 관련한 Soft 요소는 장기적인 측면의 성과를 예측하는 변수로 볼 수 있다. Hard 요소가 외형을 설명한다면, Soft 요소는 내부의 운영을 결정한다. 훌륭한 도구와 장비, 전략이 있더라도, 이를 운영하는 구성원과 문화가 훨씬 중요하다는 점을 말해준다.

이처럼 문화는 오랜 시간 동안 축적된 만큼, 쉽게 모방할 수 없는 '차별적 전략'이 된다. 개인 차원에서 장기적으로 높은 성과를 창출하는 속성인 '가치관과 내적 특성'과 비슷하다. 비즈니스 모델과 프로세스는 빠르게 모방할 수 있겠지만, 구성원들이 지닌 '공유 가치'와 '공통된 행동양식'은 오랜 시간이 필요하다.

문화의 지향점을 명확히 공유하라!

리더는 집단의 문화에 대한 생각을 명확하게 정립해야 한다. 집단의 목표 달성과 구성원의 특성, 그리고 환경 변화를 고려해 어떤 문화가 적합한지에 대해, 시각적 이미지를 통해 구체화하는 것도 효과적이다.

예를 들어, 우리 집단의 모습은 '샐러드'와 '용광로' 중 어떤 것을 지향할지 선택할 수 있다. 소속된 집단이 안정적 운영과 체계화된 질서가 중요하다면, '일체감이 높은' 용광로와 같은 문화가 필요하다. 반대로 새로운 가치를 만드는 도전과 혁신이 중요하다면 각각의 특징이 살아 있는 '샐러드' 집단을 지향할 수도 있다.

리더는 구성원들과 지향하는 방향을 생생하게 공유하고 차이를 좁혀가는 소통을 자주 하는 것이 중요하다. 안타깝지만, 구성원들의 다수는 '집단 차원의 방향성에 대한 이해와 관심'이 낮을 가능성이 있다. 특히 규모가 커질수록 이런 경향성이 높으므로 경계해야 한다.

공유 가치란 집단 구성원들의 의사결정과 상황 판단 기준으로 작동한다. 동일한 프로세스와 양식을 가지고 일을 처리하더라도, 모호한 영역에 있어서 '판단 기준'이 다르다면 불편한 갈등이 생길 가능성이 높다. 구성원들이 상호 중요하다고 생각하는 '가치'에 대한 논의를 자주 해야 서로의 생각을 효과적으로 조율할 수 있다. 예를 들면 다음과 같은 것들이다.

- 도전과 혁신을 추구하는 문화
- 안정적 운영과 원칙 준수를 강조하는 문화
- 철저한 확인과 완벽을 추구하는 문화
- 데이터와 논리적 접근을 중시하는 문화
- 화합과 통합을 지향하는 문화
- 효율과 경쟁을 강조하는 문화
- 새로운 성취를 중시하는 문화
- 명확성과 참여를 중시하는 문화

2

팀 발달 단계를 통해
집단문화를 형성하라

집단의 문화는 마치 어린아이가 성인이 되는 신체적 및 심리적 발달 과정과 비슷하다. 유년시절의 결정적 경험과 기억이 평생에 걸쳐 큰 영향을 미치듯이, 집단이 설립되고 초기 발달하는 과정에서 순차적으로 문화를 형성하게 된다. 기존의 문화는 집단 내부와 외부의 환경 변화에 따라 새롭게 수정되고 보완될 수 있다.

팀 발달 단계

팀 발달 단계 모델은 조직심리학자 터크만Bruce Tuckman 교수가 1965년 발표한 이후 변함없이 그 명성을 유지하고 있다. 프로젝트 관리와 리더십 교육에 꼭 반영되는 내용이기도 한다. 왜냐하면 일터의 상황은 많이 달라졌지만, 팀 발달 과정은 비슷하기 때문이다. 여전히 설명력이 높다.

터크만은 초기에 팀 발달 단계 모델을 순차적인 과정에 따라 '1단계

형성기Forming, 2단계 혼돈기Storming, 3단계 규범기Norming, 4단계 성취기 Performing', 총 4단계로 제시했다. 이후 1977년 5단계 해체기Adjourning를 추가하여, 현재는 총 5단계로 소개하고 있다. 팀의 목표 달성 이후인 해체기는 팀 자체가 소멸되기 때문에 상세한 내용을 다룰 실익이 없어 간략히 소개하고자 한다.

구분	형성기 Forming	혼돈기 Storming	규범기 Norming	성취기 Performing
특징	불확실성, 우려와 공감 부족	대립과 갈등, 의견 불일치	조화와 협력, 명확성과 신뢰	자신감과 성과 문제해결
'과업'상의 목표	목적, 과업 인식	역할 명료화	프로세스 정립	성취
'관계'상의 목표	상호 의존성 인식	다양성 존중	참여, 상호 지원	자율과 책임, 자긍심

리더의
역할
	• 정보 탐색
	• 과업과 목표의
	  확인
	• 기대 명확화
	• 관계의 형성
	• 목표의 수용
		• 역할과 책임의
		  명료화
		• 리더십과 통제력의
		  발휘
		• Win-Win 해결책의
		  협상
		• 스트레스에 대한 공
		  동의 해결책 마련
			• 표준이 되는 절차
			  를 설정
			• 타인에 대한 지원,
			  격려 강화
			• 서로의 차이를 조
			  정, 인중
			• 문제에 대한 개방
			  적 태도
				• 충분한 신뢰감
				• 집단 일체감 형성
				• 합의를 통한 의사
				  결정
				• 위임
				• 책임감 공유
				• 자율적 실행

1단계: 형성기Forming

집단의 설립 초기를 상상해 보기를 추천한다. 공동의 목표에 대한 막연한 열망은 있지만, 구체적으로 무얼 해야 할지 모르는 상황이다. 예를 들어, 지역별 축구대회 우승이라는 목표 하나로 인근의 낯선 사람들이 같은 유니폼을 입고 있는 수준과 비슷하다. 초기에는 리더를 매개로 해서 상호

작용이 일어나게 된다. 구성원들 간에 아직 서먹한 부분이 있다.

리더는 '팀으로 이곳에 모인 이유'에 대해서 명확히 알려줘야 한다. 구성원 입장에서도 리더의 개입을 환영한다. 그러므로 리더는 개인의 역할과 과업 수행에 초점을 둔다. 구체적인 목표를 설정하도록 돕고 지시하고 종종 강하게 밀어붙여야 하는 상황이 필요하다. 구체적인 방향을 상세하게 제시해서 명확성을 높여야 한다. 구성원 각자 입장에서 다른 해석이나 가정을 하지 않도록 명확해야 한다. 이 단계에서 리더는 '지시형 리더십 스타일'을 발휘하는 것이 적합하다.

2단계: 혼돈기 Storming

팀 발달 단계는 선행 단계를 거치지 않고, 급격히 성장하지 않는다. 반드시 겪어야 하는 '발달 과제'와 비슷하다. 구성원 간의 갈등과 스트레스가 높아진다. 혼돈기는 '사춘기'의 모습을 떠올려 봐도 무리가 없다. 누구나 겪어야 하는 혼돈의 과정이라면, 조금 더 빨리 큰 충격 없이 마무리되도록 개입해야 한다.

리더는 집단 구성원 간 상호 작용이 원활하게 일어나도록 돕는 데 역할의 초점을 두어야 한다. 이 단계에 이르면 구성원들은 서로 어느 정도 아는 사이로 발전한다. 각자의 성향과 스타일을 감추지 않는다. 그레이존의 모호함 때문에 발생하는 의견 대립 과정에 불필요한 오해와 갈등이 없는지 유심히 관찰해야 한다.

이 단계에서 리더는 갈등 관리와 문제해결을 돕는 해결사 역할을 수행한다. 리더는 구성원을 설득하고 조언을 제시하는 형태의 개입을 하는 '코치형 리더십 스타일'을 발휘해야 한다. 방치하거나 묵과해서는 '공정성 지각'과 '직무 몰입'에 이슈가 생길 수 있다.

3단계: 규범기Norming

규범기에 이르면, 집단은 다른 조직과 차별화되는 공통의 정체성이 서서히 생기기 시작한다. 구성원들은 공동의 목표 달성을 위해 협력하는 존재로 인식하고, 차츰 신뢰의 수준이 높아지게 된다. 일하는 방법이 명확해지고, 양호한 수준의 성과를 창출한다.

리더는 집단의 다양한 과제들의 상호 작용을 촉진하는 데 초점을 둔다. 각 세부 과제들의 원만한 흐름과 우선순위, 프로세스에 집중해야 한다. 이를 위해 일하는 방식인 '프로세스'를 명확히 하고 향상시키는 데 개입해야 한다.

중요한 것은 일방적 제시가 아닌 구성원들의 참여라는 과정을 통해서 프로세스를 만들어 나가야 한다. 이 단계에서 리더는 '참여형 리더십 스타일'을 발휘하며, '퍼실리테이터' 역할을 수행한다.

4단계: 성과기Performing

성과기는 기대하는 발달 수준에 도달하여 최고의 성과를 창출하는 단계이다. 구성원들은 전체 목표의 성공을 위해 스스로 최적의 방안을 도출하기도 한다. 신뢰 수준 향상과 함께 소속감과 자부심도 높아진다. 구성원들이 많이 성장했고, 자부심이 높아 높은 성과를 만들어 낸다.

리더는 구성원들에게 적극적으로 권한을 위임해도 무리가 없는 상황이다. 자율성과 책임을 기반으로 일하는 환경을 조성한다. 리더는 개입 수준을 가장 낮추는 '위임형 리더십 스타일'을 발휘하며 '코치' 역할을 수행한다. 집단이 지속적으로 성장하는 과정을 관찰하고, 때에 따라서 지원을 하는 소극적 역할에 초점을 둔다.

5단계: 해체기Adjourning

집단의 목표 달성이 끝나게 되고, 각자의 위치로 해산하는 단계이다. 리더는 집단의 목표 달성 과정에서 학습한 것과 중간산출물 등을 '성찰'하는 시간을 의미 있게 마련해야 한다. 재발 방지를 위한 주의사항과 확대 적용이 필요한 우수사례 공유 등을 실시한다. '경험'을 의미 있는 '학습'을 통해 '조직 자산'으로 만들 수 있는 중요한 단계로, 리더는 학습코치 역할을 수행한다.

팀 발달 단계의 시사점과 리더의 역할

팀 발달 단계 모델은 '팀의 성숙도가 높아지는 과정'을 효과적으로 설명한다. 과업의 결과 수준을 높이기 위한 '일하는 방식'뿐 아니라, 관계 측면의 '신뢰와 자부심' 형성도 중요하게 다룬다. 각 단계별 '해결해야 하는 과제'가 무엇인지와 이를 해결하기 위한 리더의 역할을 구체적으로 제시한다.

첫째, 리더는 팀 발달을 통해 '명확성'을 높여야 한다.

막연한 설렘과 기대감으로는 '꿈을 현실로 구현'하지 못한다. 초기의 높은 '사기'는 문제를 경험하면서 '추락'하게 된다. 그러나 목표와 역할 그리고 일하는 방법인 프로세스에 대해 '모호함을 줄이고 명확성을 높이는 과정'을 통해 이를 막을 수 있다. 구성원들은 예측 가능성이 확보될 때, 불필요한 갈등을 줄이고 몰입도가 높아진다. 리더는 과제와 일하는 방법 전반에서 명확성을 높이는 역할을 수행한다.

둘째, 리더는 팀 발달 단계별 적합한 역할과 개입 방식을 선택해야 한다.

언제나 유효한 리더십 스타일은 존재하지 않는다. 리더는 팀과 구성원의 발달 상황에 적합한 스타일을 발휘할 수 있어야 한다. 초기 단계에 깊숙이 개입하던 역할을 점진적으로 줄여 나가는 모습으로 볼 수 있다. 앞에서 주도적으로 이끄는 모습에서 서서히 뒤로 물러나 지원해주는 역할을 떠올려도 좋다. 다양한 리더십 스타일의 강점은 상황에 적합할 때 극대화될 수 있음을 알려준다.

셋째, 리더는 '다양한 변화'에 민첩하게 대응해야 한다.

만약 집단의 구성원 변동이 생겼거나, 추진 목표와 방법 등 중대한 변화가 발생했다면 중요한 변곡점이 될 수 있음을 염두에 두어야 한다. 이런 변화 상황에서는 기존의 발달 단계보다 퇴보하는 것이 보편적이다. 예를 들어, '규범기'의 행동들이 관찰되던 상황이라면 '혼돈기'나 '형성기'로 내려가게 된다. 절대로 '기존의 수준'을 유지하기 어렵다. 왜냐하면, 기존의 역할과 관계 등이 변화의 영향을 받기 때문이다. 새롭게 정립하는 과정이 꼭 필요하다.

그러므로 리더는 '변화 관리' 차원에서 '변화 이슈'를 빠르게 포착하고 민첩하게 대응해야 한다. 집단의 목표와 과업의 범위 등과 관련한 사항이라면, 배경과 정보를 명확하고 신속하게 전달해야 한다. 구성원들의 혼동과 불안감을 예방하는 데 효과적 방법이 된다. 구성원이 변동된 경우라면, 공식적인 OJTOn the Job Training 과정을 운영하여 공유된 정보와 방향을 인식하도록 도와주어야 한다. 이때 새로운 구성원과 기존 구성원들의 1대1 미팅도 자연스럽게 진행될 수 있도록 시간을 배정하는 것이 좋다. 상호 이해도를 높이고, 친밀감 형성에 도움이 된다.

3

집단 프로세스
정립 방법

집단 차원의 문화라고 하면, '일하는 방식' 다시 말해 '공통의 프로세스'가 구체적인 모습이 될 수 있다. 디지털 세상에서 집단은 낯선 사람들이 새롭게 팀을 형성한 상황이 많은 만큼, 새로운 문화를 만들어가야 하는 상황으로 볼 수 있다.

집단 프로세스

프로세스란 자원과 정보를 특정한 제품 또는 결과물로 변환시키는 데 필요한 활동과 과업들의 집합을 말한다. 예를 들어, 프로그램 개발 프로세스, 생산 프로세스, 판매 프로세스, 리더십 진단 프로세스, 성과 관리 프로세스, 구매 프로세스, 연구개발 프로세스 등을 들 수 있다. 이를 집단 고유 프로세스로 볼 수 있다.

프로세스는 '반복적'이며 '측정 가능한' 활동들로 구성되어 있다. 다양한 시행착오를 통해 최적화된 모델로 정립된, 표준작업절차서SOP, Standard Operating Procedure 또는 매뉴얼로 이해해도 좋다. '고유 프로세스'의 경우 해당 담당자의 경험과 전문성이 가장 중요하다. 최종 작성된 프로세스는 교육과 평가 등의 지침으로 활용한다.

이와 별도로, 모든 집단에는 고유의 목적, 특수성과 무관하게 존재하는 '공통 프로세스'가 있다. 해크먼이 집단효과성모델Group Effectiveness Model에서 강조한 공통 프로세스는 다음과 같다.

- 의사소통 프로세스: 정기와 비정기 회의, 정보 공유와 의견 교환, 대면과 비대면 등
- 의사결정 프로세스: 직무 권한 범위, 집단 의사결정 등
- 문제해결 프로세스: 문제 정의, 원인 분석, 해결안 도출 등
- 갈등관리 프로세스: 표출 방식, 처리 방법, 공식 또는 비공식 절차 등

각 프로세스에는 하위 단계별 활용하는 양식, 용어, 체크포인트 등을 포함하고 있다. 공통 프로세스를 만들 때, 서로 이질적 배경을 가진 집단 구성원 각자에게 익숙한 프로세스가 아닌 모두가 효과적으로 사용할 수 있는 프로세스로 합의해야 한다. 각자 익숙했던 과거 방식의 우위를 논쟁하기보다는 상황에 맞는 방식을 선택해야 한다. 공통 프로세스를 간략한 그라운드 룰로 만들어 꾸준히 업데이트하는 것도 좋은 방법이다.

공통 프로세스	그라운드 룰
의사소통 언제, 얼마나 자주, 어디에서 만나고, 누가 관여되어야 하며, 결과에 대해 알아야 할 사람은 누구일까?	• 정기 미팅을 통한 소통: 주간 팀 미팅(매주 월요일 4p.m.), 파트별 미팅(매주 화요일) • 이메일 커뮤니케이션 룰: 메일 전달 시 '시사점, 대안'에 대한 의견을 반드시 포함한다.
회의 진행 어떻게 하면 효율적으로 회의를 진행할 수 있을까?	• 회의 시작 전 안건(agenda)에 대해 공유한다. • 회의 필요시 회의시간과 참석자를 명확히 하여 요청한다. • 참석한 구성원들은 발언의 책무를 진다.
의사결정 업무에서 의사결정은 어떻게 이루어져야 할까?	• 협의를 추구하며, 필요시 합의를 사용한다. • 시급한 사안으로 협의/합의를 위한 시간을 갖기 어려운 경우 결정권자/책임자의 판단에 따른다.
문제해결 문제가 생겼을 경우 어떻게 해결해야 할까?	• 문제정의, 근본원인 파악, 해결의 순으로 처리한다. • 해결안 보고 시 잠재적 위험, 한계도 공유한다.
교육 참여 및 휴가 사용 업무 관련 교육 참여 및 휴가 사용은 어떻게 이루어져야 할까?	• 휴가 사유는 상호 묻지 않는다. • 부재 시 담당할 업무 인수자와 인수 범위를 명시한다. • 교육 결과는 2주 이내, 전체에 공유한다.
기타(팀 빌딩, 회식 및 경조사) 이외에 원활한 업무를 위해 함께 지켜야 할 룰은 무엇이 있을까?	• 친목을 위한 회식은 자율 참여로 운영하며, 업무상 회식은 점심시간을 활용한다. • 반기 1회 팀 빌딩은 평일 오후 시간을 활용한다.

집단의 리추얼(Ritual)을 만드는 방법

리추얼이란 특정한 의미와 상징을 담아내는 '규칙적인 의식'을 말한다. 예를 들어, 종교행사를 들 수 있다. 각 종교마다 고유의 방식으로 경건한 의식을 치른다. 매번 정기적으로 약속된 방식으로 운영하는 고유한 행사로 볼 수 있다. 리추얼에 참여하는 사람들은 '소속감과 공동체 의식'을 느끼게 된다.

다양한 조직에서도 이와 비슷한 리추얼이 있다. 창립기념행사, 시무식,

종무식, 주간 미팅, 월간 미팅, 포상제도, 프로젝트 킥오프와 종료보고회, 입사식, 정년식 등이 그것이다. 집단이 지향하는 '공유가치'를 구체적인 모습으로 형상화한 셈이다.

리더는 긍정적 리추얼을 통해서 다른 집단과 구별되는 특징을 강조할 수 있다. 정기적으로 반복하여 진행함으로써 특별한 의미를 부여할 수 있다. 다양한 형태의 리추얼을 만들 수 있으며, 소소한 것도 좋다. 예를 들면, 다음과 같다.

- 목표를 설정하고 공유하는 목표 설정 워크숍
- 매월 또는 매 분기 성과를 점검하고 이슈 해결과 학습하는 워크숍
- 정기적으로 우수 성과자 또는 칭찬 대상자를 선정하여 포상하는 행사
- 매월 생일 등을 축하하고, 위로와 격려하는 행사
- 매일 또는 매주 실시하는 미팅
- 매월 열린 커뮤니케이션 미팅
- 신규 입사자 OJT 프로그램
- Dairy Hurdle Meeting, Dairy Standup Meeting
- Weekly Performance Review Meeting
- After Action Review Meeting
- Project Tracking & Monitoring Meeting

리더 입장에서, 가장 쉽게 접근할 수 있는 것이 희로애락의 감정을 공유하는 것이다. 축하할 것과 위로와 격려가 필요한 상황을 놓치지 말고, '의미 부여'를 할 수 있다. 사소하지만 부담되지 않게 '인정'하는 방식을 생각

해 볼 수 있다.

리추얼을 의미 있게 만들기 위해서는, 시작과 종료를 명확히 하는 것이 효과적이다. 예를 들어, 시작과 종료 시 공통의 가치를 공유할 수 있는 구호나 인사 등을 넣는 것도 좋다. 이를 통해 우리 집단 고유의 문화를 조금씩 만들어 나갈 수 있다.

프로세스의 효과성을 높이는 방법

집단의 문화로 정착시키기 위한 프로세스를 효과적으로 운영하려면 어떤 방법이 필요할까?

첫째, 참여적 의사결정을 통해서 만들어야 한다.

아무리 훌륭한 프로세스라고 해도 실제 실행자들이 참여하지 않으면 활용도가 높지 않다. 집단 구성원 모두가 지켜야 하는 프로세스라면, '예외 없이 적용'해야 한다. 그래야 효율성을 기대할 수 있다. 가능하다면, 전체 구성원이 참여한 가운데 양방향 소통을 통해서 합의할 수 있도록 '워크숍'을 실시하는 것이 효과적인 방법이 된다.

둘째, 팀 프로세스에 대해서 지속적으로 리마인드 해야 한다.

구성원 모두가 기억하고 실천하도록 다양한 형태의 소통 채널에 반영해야 한다. 집단 전체가 활용하는 공용서식에 반영하거나 이메일 서명에 활용해도 좋다. 특히 구성원 전체가 모이는 공식적인 미팅의 시작 시 짧게라도 공유하는 것을 추천한다. 집단에 새롭게 참여하게 된 구성원이 있다면, 충실한 설명을 통해 이해하도록 도와주어야 한다.

셋째, 최적화를 위해 수정 보완 작업을 꾸준히 진행해야 한다.

만약 변동사항이 발생해서 초기에 합의한 프로세스를 운영하기에 어렵거나 새로운 이슈를 포함해야 하는 경우에는 이를 수정하고 보완하는 작업을 실시해야 한다. 정기적인 모임이 개최될 때, 프로세스 수정 보완 안건에 대해 논의하는 절차를 거쳐도 좋다. 이것이 어렵다면 담당자 또는 리더가 프로세스 변경을 제안하고 동의를 얻는 방식도 좋다. 실제와 괴리된 액자 속의 프로세스는 더 이상 생명력이 없기 때문에 변동사항에 대한 수정 보완 작업은 실시간으로 이루어지도록 해야 한다.

넷째, 우수사례를 공유하고 위반자에 대한 조치를 취해야 한다.

어려운 상황에도 불구하고 약속한 프로세스를 '성실하게 준수'한 사례를 발굴하고, 공식적으로 인정하는 과정이 필요하다. 반면 '위반 사례'에 대해서도 개선을 요구하는 조치를 취해야 한다. 초기에 예외 상황에 대한 '개입'의 타이밍이 늦어질 경우, 걷잡을 수 없이 혼동될 수 있기 때문에 적시에 개입하는 것은 매우 중요하다. 만약 다수가 '지키지 않는 상황'이라면 해당 프로세스를 변경하거나 폐기하는 것이 바람직하다.

4

변화를 이끄는
방법

디지털세상으로의 변화는 역사상 유래 없는 빠른 속도로 세상을 바꾸고 있다. 현재 상태를 유지하기 위해서는 기존의 전략이나 일하는 방식으로는 어렵다. 지속적인 변화Continuous Improvement, Kaizen가 필수가 된 상황이다. 정해진 일과 매뉴얼을 충실히 실행하는 효율성에 초점을 둔 것이 과거 'Do things right'였다면, 이제는 혁신적 가치를 제대로 실행하는 'Do the right things'가 중요해졌다.

오늘날 우리가 마주하는 변화의 속성은 과거와 전혀 다른 비약적 차이를 나타내는 '단층성'이 있다. 그리고 나비효과처럼 '어느 한 영역에 머무르지 않으며' 다른 영역에도 커다란 영향을 미친다. 또한 1차 방정식의 기울기처럼 산술급수적인 변화가 아닌, n차 방정식의 기하급수적인 속도로 변화를 거듭하고 있다.

과거의 성공 방정식은 미래의 실패 원인이 되기도 한다. 게다가 현재의 과업과 바쁜 일상 속에 있는 구성원들은 '변화의 필요성'을 인지하거나 구체적으로 실행하기에는 한계가 존재한다. 이는 변화를 성공적으로 이끌기 위한 리더의 역할이 얼마나 큰지를 잘 보여준다.

일상적이며 안정적 운영 상황에서는 진정한 리더십을 발휘할 기회가 적다. 실제 리더의 리더십 발휘가 가장 돋보일 때는 '변화 상황'이다. 무엇보다 변화는 집단과 구성원의 성장을 촉진하는 훌륭한 학습 방법이기도 하다.

변화 아젠다 발굴 방법

변화는 새로운 기회와 위협을 함께 동반한다. 그러므로 리더는 집단의 존립과 목표 달성에 영향을 미치는 다양한 변수에 관심을 갖고 관찰해야 한다. 미세한 변화가 일상이 되는 뉴노멀 시대라는 점을 기억하고, 사소한 변화 속에서 의미 있는 시사점을 도출해야 한다. 이것이 변화 아젠다를 발굴하는 리더의 책무라고 말할 수 있다.

런던비즈니스 스쿨의 도널드셜 교수는 변화 아젠다를 효율적으로 발굴하기 위해 전략, 절차, 관계, 가치의 4가지 영역으로 접근하는 방법을 제안하였다.

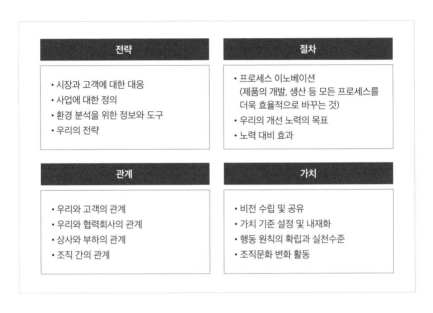

첫째, 전략

목표를 가장 효과적이며 효율적으로 달성할 수 있다고 판단하여 선택한 방법을 '전략Strategy'이라 부른다. 전략은 환경 분석을 기반으로 수립한다. 집단의 전략은 과거의 분석 자료를 기반으로 수립했기 때문에 급변하는 환경 속에서는 '유효하지 못한 전략'으로 전락할 가능성이 높다. 목표 달성 기여도가 낮은 전략은 변화의 대상이 될 수 있다.

둘째, 절차(프로세스)

기존의 안정적 운영을 돕는 프로세스는 '새로운 전략'에 따라 수정될 수 있다. ICT 발달로 일하는 방식이 급격히 바뀐다는 점을 고려해 볼 때, 폐기되거나 통합 또는 신규 수립이 필요한 경우도 적지 않다. 실제 각 프로세스를 책임지는 구성원이 가장 잘 알 수 있지만, 변화에 관심이 없는 경우도 적지 않다. 리더는 구성원 입장에서 현재 익숙한 방식이 최적화된 것인지, 효율적인 것인지를 객관적으로 평가해야 한다.

셋째, 관계

디지털세상의 사회적 관계는 더욱 수평적 개방적으로 바뀌고 있다. 과거에 갑과 을이라는 위계적 구조를 토대로, 구성원 또는 외부 협력회사와 관계를 맺고 있는지 살펴봐야 한다. 관계 변화는 의사결정 방법을 바꾸기 마련이다. 협의와 합의 과정이 새롭게 필요할 수 있다. 변동 가능성이 높은 '영향력' 차원도 마찬가지다. 대안을 많이 갖고 있는 쪽이 협상에서 유리한 지위를 차지할 수 있기 때문에 변화된 관계에 적합한 대응이 필요하다.

넷째, 가치

과거에는 '양Quantity'과 '속도'를 중요한 가치로 생각했지만 이제 '질Quality'과 '독창성Unique'이 더 중요해졌다. 디지털네이티브 구성원과 고객이 경제활동의 다수를 차지하고 있기 때문에 중요하게 여기는 '가치'도 달라졌다. 과거 고맥락 중심의 집단을 중시하던 가치에서 공유하는 것이 적은 저맥락 중심의 개인주의적 가치로 바뀌었다. 리더는 오랜 전통 위에 새로운 다양성을 포용하고 공존하기 위한 활동이 필요하다면, 그것이 무엇인지를 도출해야 한다.

현재에 대한 '비판적 관점' 없이는 새로운 개선 필요점을 찾기 어렵다. 이를 위해 낯설게 바라보는 훈련이 필요하다. 입장을 바꿔 보거나, 시간을 미래 시점으로 바꿔보는 것도 생각해 볼 수 있다.

변화 프로세스

동그란 얼음의 모양을 별 모양으로 바꾸려면 어떻게 해야 할까? 먼저 얼음을 녹여야 한다. 그리고 새로운 별 모양의 틀에 물을 붓고 다시 얼려야한다. 얼마 정도의 시간이 흐른 뒤, 동그란 얼음에서 별 모양으로 바뀌게 된다. 이와 같이 쿠르트 레빈Kurt Lewin은 변화 단계를 해빙-이동-재결빙, 3단계로 제시했다.

변화 단계	행동 초점	주요 활동
해빙 Unfreezing	변화 필요성과 비전 제시	구성원들에게 변화의 중요성과 욕구를 자극하는 단계
이동 Moving	조직 내 전파와 실행	새로운 가치, 태도, 행동의 개발을 통해 구체적으로 변화가 생기는 활동지향적 단계
재결빙 Refreezing	정착	변화된 행동이 반복되고, 구성원들이 긍정적 태도를 갖게 되어 변화가 정착되는 단계

레빈의 모델은 거시적 차원의 변화 프로세스를 간결하게 이해하는 데 유용하다. 이를 보다 세분화된 단계로 설명한 것이 존 코터의 변화 8단계이다. 레빈의 구조와 맥은 동일하며, 보다 상세한 방법까지 제시하고 있기 때문에 학습에 유용하다. 이를 간략히 살펴보면 다음과 같다.

1단계는 기존의 익숙한 방식에 문제의식과 변화 필요성을 높이는 과정이다. 구성원들이 위기와 절박성을 인지하도록 함께 학습하고 토의하는 과정이 효과적이다. 기존의 방식으로는 버텨 내기 어렵다는 점과 위협요인에 대해 긴장감을 높여주어야 한다.

2단계는 리더 혼자서는 할 수 없으므로 변화선도팀을 이끌 수 있는 지지자를 확보하는 것이다. 변화 필요성에 공감하는 사람 중에 이를 이끌 수 있는 역량 있는 사람들이 팀으로 일하도록 이끌어야 한다.

3단계는 변화 방향에 대한 구체적인 모습을 설계하는 과정이다. 변화선도팀뿐 아니라 구성원들의 다양한 목소리를 반영할 수 있는 방법을 활용해야 한다. 구성원이 과정에 참여해야 수용도가 높아진다.

4단계는 수립한 변화 방향에 대해서 구성원 모두가 명확하게 인지하도록 반복해서 전달해야 한다. 설명회, 영상, 토의, 자료 등 다양한 채널과 자료를 동원해야 한다. 무엇보다 변화선도팀의 솔선수범이 병행되어야 한다.

5단계는 새로운 변화에 따른 구성원들의 자율적 시도를 장려해주어야 한다. 실행 과정에 어려움이 있다면 이를 제거해주어야 한다. 의사결정 권한도 위임해 주어 자율성을 갖고 실행하도록 도와야 한다.

6단계는 변화 과정에서 성취한 성공 사례를 발굴하고 공유해야 한다. 성공한 구성원에 대한 객관적 인정과 포상도 병행한다. 변화 방향이 옳다는 점을 설명하고, 실행 과정에 지친 구성원들에게 확신을 전해야 한다.

7단계는 변화 성공 사례를 폭넓게 적용하도록 독려해야 한다. 초기에 적용했던 범위에서 보다 넓은 영역으로 확대 적용하도록 도와야 한다. 작은 성공에 안주하지 않도록 새로운 도전과제를 제시해야 한다.

8단계는 새로운 변화를 자연스러운 집단의 문화로 만들기 위한 활동을 해야 한다. 필요시 매뉴얼과 교육, 평가기준 등으로 반영할 수 있다. 이를 통해서 새로운 변화 여정은 자연스러운 일상이 될 수 있다.

변화단계	단계별 목표	행동 초점	주요 활동	실패할 경우
1	위기 의식 고조	상황이 절박하다는 사실을 절실히 구성원이 느끼게 함으로써 변화 참여 유도	• 외부환경 조사를 통해 위기감 조성 • 위기와 기회요인 등의 파악과 토론	자만심의 방치
2	변화선도팀 구성	능력과 기업에 대한 애착을 가진 사람들로 변화선도팀 형성	• 변화 노력을 이끌기에 충분한 자질과 힘을 가진 집단 구성 • 변화선도팀이 되어 협동 작업을 할 수 있도록 격려	변화 필요성에 대한 인식 확산 곤란
3	올바른 비전 정립	변화 방향에 대한 큰 그림(비전)과 이를 이루기 위한 전략을 함께 수립	• 변화 노력을 이끄는 데 도움이 되는 비전 창조 • 비전 달성을 위한 전략 수립	변화 방향의 명확성 부족
4	소통과 비전 전달	수립된 변화 방향을 조직 전반에 반복적으로, 솔선수범을 통해 전파	• 새로운 비전과 전략을 전달하기 위해 가능한 모든 수단 사용 • 말과 행동에 대한 일치, 약속 준수	혼란과 저항 증가
5	권한 위임	변화 방향에 근거해 자율적으로 행동하도록, 넓은 범위에서 의사결정권을 가지도록 허용	• 추진 과정의 장애물 제거 • 위험 부담, 틀에 박히지 않은 새로운 아이디어, 행동, 활동 권장	피로감이 증가하고, 의욕이 상실됨
6	단기 성과 확보 (Small win)	단기적으로 눈에 보이는 성공체험으로 사기 진작과 도전적 열정 자극	• 단기적 성공 사례를 발굴하고 공유 • 성과 향상에 참여한 구성원의 인정과 보상	해 봐야 소용없다는 냉소적 반응 확대
7	변화의 속도 유지	성공에 대한 자만과 안주를 경계하고 후속 변화 과제 도전	• 불필요한 일 제거 • 새로운 프로젝트에 확대 적용, 도전	안주하는 경향 증가
8	변화를 기업문화로 정착	위의 일곱 단계가 확고한 조직 문화로 정착되도록 함	• 기업 성공과 새로운 행동 간 연관성 명문화 • 리더십의 개발과 그 계승을 확실히 하는 수단 개발	조직문화와의 연계성 부족

변화 과정 속 구성원의 심리적 특징

죽음을 오랫동안 연구했던 퀴블러 로스는 죽음을 받아들이는 환자들의 심리적 변화를 '부정, 분노, 타협, 절망, 수용'의 5단계로 제시했다. 인간에게 가장 충격적인 변화 상황을 다룬 것이므로, 모든 상황에 적용하기에는 한계가 있다. 이후 신시아 스콧과 데니스 자페는 퀴블러 로스의 관점을 기반으로 조직 변화에서 구성원의 심리적 특징을 4단계로 모델화했다.

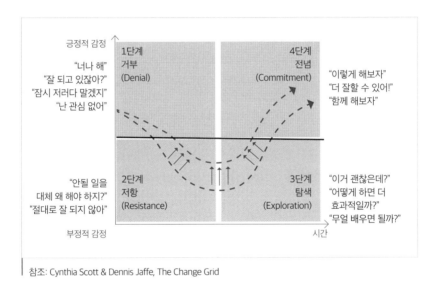

참조: Cynthia Scott & Dennis Jaffe, The Change Grid

1단계는 '거부Denial'이다.

구성원들은 새로운 변화에 대해서 '거부와 부정'의 행동을 보인다. 과거 익숙한 것에 작용하는 관성 때문이다. 변화 필요성에 대해서 공감하지 못하는 상황이다. 과거와 비슷하게 '용두사미'로 끝날 것이라는 생각을 갖고 있다. 리더는 구성원들에게 집단이 직면하고 있는 상황에 대한 객관적 정보를 제공해줘야 한다. 소통의 아젠다는 주로 변화의 중요성, 필요성이다.

2단계는 '저항Resistance'이다.

변화의 강도와 지속성이 현실화되면서, 분노와 불안감이 더욱 깊어진다. 부정적 감정이 보편 정서가 된다. 구성원들은 집단방어기제를 발휘하며, 변화를 방해하거나 적극적으로 저항하는 행동을 하기도 한다. 이 단계에서 리더는 '저항을 설득'하는 데 초점을 두어야 한다. 변화의 성공 가능성과 혜택에 대해서 알려주어야 한다. 또한 어려움에 대한 공감 표현과 심리적 안전을 지원해 주어야 한다.

3단계는 '탐색Exploration'이다.

변화 상황이 지속되면서 이제는 과거를 잊고 새로운 상황에 적응하고 있다. 구성원들은 받아들여야 하는 현실임을 인지하고, 이를 효과적으로 극복하기 위한 대안을 적극적으로 탐색한다. 이 단계에서 리더는 구성원들의 적응을 돕기 위한 다양한 방법의 학습을 지원해야 한다. 또한 긍정적 확신과 참여를 돕기 위해 성공 사례를 발굴하여 공유해야 한다. 다양한 시도를 장려해야 한다.

4단계는 '전념commitment'이다.

탐색 단계에서 시도한 결과 의미 있는 성과를 경험한 단계다. 변화가 성공적으로 안정화되는 단계로 긍정적 분위기가 형성된다. 새로운 방식에 전념하는 단계다. 리더는 성과에 대한 객관적 인정과 보상을 제공해야 한다. 구성원의 성공을 축하하고 격려함으로써 변화 행동을 지속할 수 있도록 도와야 한다.

변화 과정의 심리적 특징을 고려하여 리더는 '부정적 감정을 최소화하고, 어차피 겪어야 하는 과정'을 최대한 짧게 끝내도록 도와야 한다. 변화 단계에 대한 진척도를 꾸준히 업데이트해 주어야 한다. 대부분 리더의 소통 스킬을 통해서 달성이 가능하다는 점에 주목할 필요가 있다.

- 변화 참여도와 동조현상

에버렛 로저스Everett Rogers는 '혁신의 확산이론Diffusion of Innovations'을 통해서 변화에 참여하는 구성원의 특징들을 제시했다. 1943년 미국 아이오와 지역 농부들에게 병충해에 강한 옥수수 품종을 전파하는 과정에서 일부 농부들은 다른 사람들보다 빨리 받아들여서 부농의 꿈을 이루었지만 일부는 그들을 따라가고, 또 다른 일부는 뒤늦게 쫓아온다는 사실을 발견하였다. 이처럼 새로운 변화를 수용하는 과정에는 속도 차이가 있다.

주목할 부분은 반대자 16%이다. 리더 입장에서 변화 추진을 위해 투입하는 노력 대비 성공할 가능성이 낮다는 점이다. 끝까지 버티거나 반대 입장을 유지할 가능성이 높다. 집단의 68% 정도는 변화 방향에 대한 다수의 의견을 서서히 따르게 된다. 다시 말해 집단 속 구성원의 행동은 대부분 '타인의 행동'에 영향을 많이 받는다.

애쉬Asch, S.**는 동조실험**을 통해 집단 속 개인이 타인의 행동에 영향을 받

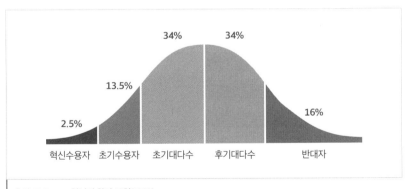

출처: E. Rogers 혁신의 확산 모형(1962)

는다는 점을 보여주었다. 실험은 이렇다. 제시된 길이와 동일한 막대를 A, B, C 중 선택하도록 요구한다.

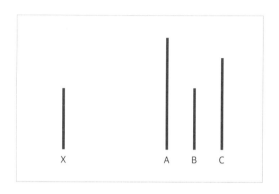

누가 봐도 B와 동일하다고 답할 것이다. 그러나 다른 참여자들이 A나 C를 선택하는 경우, 약 30% 이상의 사람들이 동조하게 된다. 주위 사람들이 모두 '틀린 것'을 정답으로 지목하게 되면, 대부분의 사람들은 '같은 입장'을 선택할 가능성이 높아지게 된다. 애쉬는 집단의 크기를 2명에서 16명까지로 확대하면서 반복 실험을 했다. 실험 인원이 1명일 경우는 '동조현상'이 거의 일어나지 않았다. 그러나 실험 인원의 협력자가 1명 더 늘어나 2명이 되면 바로 오답률이 31.8%로 급증하게 된다. 이는 옳고 그름이 아닌 심리적 압박 때문에 '불편함을 해소'하기 위해 선택한 것이다.

이것이 3의 법칙을 설명해준다. 집단의 '의도적 변화'를 위해서는 적어도 3명 이상의 참여자가 필요하다. 이후 마치 뜨거운 물이 수증기로 바뀌는 티핑포인트처럼 놀라운 변화가 빠르게 촉발되는 것을 설명한다.

리더는 초기 변화 방향에 대해 지지하는 구성원을 확보해야 한다. 대부분 초기 단계에서는 가장 신뢰하는 소수 인원과 시작할 수밖에 없다. 3의

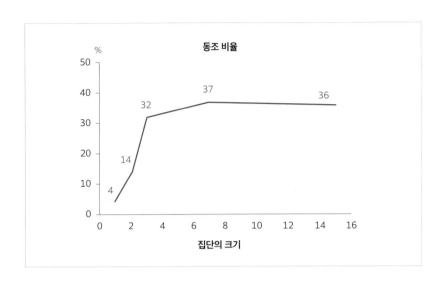

법칙을 고려해 보면, 초기 동력을 확보하는 것이 이후의 전체 흐름을 긍정적으로 바꾸는 데 크게 기여한다.

그리고 최대한 빠른 시일 내에 성공 사례를 발굴하고 공유해야 한다. 이는 다른 구성원의 '변화 참여'에 효과적이다. 무엇보다 초기 성공 사례Small Win는 변화 방향이 옳다는 확신을 심어주는 데 크게 기여한다. 지지하는 구성원의 결집력을 높이고, 타인의 행동을 보고 동조하는 참여 속도를 높여준다. 게다가 불만을 갖거나 무관심하던 구성원들의 우호적 변화에도 기여할 수 있다.

구성원이 저항하는 원인 6가지

모든 변화에는 기존의 관성과 마찰에 따른 '저항'이 존재하기 마련이다. 하버드대 존 코터 교수는 『기업이 원하는 변화의 리더』라는 책을 통해 변화를 방해하는 저항의 원인을 6가지로 제시했다. 혼란, 불확실성, 당혹감, 자신감 결여, 권력게임, 기득권 상실이다.

저항 원인	세부 내용	변화 과정 속 행동 방식
혼란 가중	위협을 느낌	타인을 비방함
불확실성 증가	변화 후 모습에 대한 확신을 갖지 못함	늦은 의사결정 보임
당혹감	준비도 안 됐는데, 이렇게 갑자기?	총론 찬성, 각론 반대
자신감 결여	내가 할 수 있을까? 새로운 방식 두려움	소극적 행동
권력 다툼	"내가 승자가 될까, 패자가 될까?"	조직 내 갈등 구조 생성
기득권 상실	"내 자리가 위태로워지는 거 아냐?"	자기방어, 부서 이기주의

저항의 원인 중 가장 강력한 것은 변화를 통해서 기존에 누리고 있던 것 중에서 '잃어버리게 되는 것은 확실'한 반면 새로운 변화를 통해서 '얻게 되는 것은 불확실'하기 때문이다.

다시 말해, 변화와 관련한 자신의 이해관계다. 설령 명확하게 '이익'이 된다고 해도, 변화 과정은 어려운 여정이 분명하다. 대다수의 사람들은 이런 위험과 비용을 치르고 싶어 하지 않는다.

또한 변화에 저항하는 원인들의 공통점인 '실제로 일어나지 않을 수도 있는 심리적 요인'이라는 점에 주목할 필요가 있다. 객관적 사실이 아닌, 구성원 입장의 '주관적 해석' 과정에서 발생하는 오류로 볼 수 있다.

저항을 극복하기 위한 리더의 역할은 명확한 소통, 설득이다. 리더가 명확히 소통하지 않으면, 구성원들의 불만은 매우 높아지며, 오히려 구성원들이 거짓 이야기를 만들어 낼 수 있다는 점을 유의해야 한다.

1940년대 2차세계대전 당시 미국에서는 전쟁 지원 때문에 자국의 육류가 부족했다. 미국 정부는 고기 특수부위인 '내장, 간, 혀, 순대, 심장 등'의 섭취를 장려하기 위한 캠페인을 추진했다. 그러나 오랜 식습관을 바꾸는 설득은 쉽지 않았다.

이때 사회심리학자 쿠르트 레빈Kurt Lewin은 주부들을 대상으로 실험을 진행했다. 비슷한 조건을 가진 주부들을 대상으로, 한 집단은 내장고기를 먹는 것에 대한 중요성을 반복적으로 교육했고, 다른 집단은 내장을 활용한 요리 방법을 찾도록 요청했다. 그 결과 내장을 활용한 요리방법을 찾기 위해 참여했던 주부들이 그렇지 않은 집단의 주부들보다 10배에 가까운 성과를 보였다.

구분	내장 먹는 것의 효용에 대한 강의를 들은 집단	내장을 요리할 수 있는 방법의 토의에 참여한 집단
참여 주부들의 역할	수동적, 수용자	요리 전문가
실제 내장을 먹은 비율	3%	32%

이 실험은 집단 구성원을 설득과 변화의 수동적 대상으로 생각하지 말고, 해당 문제의 오너십을 이끌어 내도록 참여를 유도하는 것이 수용도가 훨씬 높다는 점을 보여주었다. 레빈은 변화 아젠다에 구성원을 효과적으로 참여시키는 것이 가장 효과적인 설득 전략임을 강조하였다.

급변하는 환경 속에서 성공적으로 변화를 이끌어 내는 리더의 역할은 점점 중요해지고 있다. 이를 효과적으로 이끌기 위해서는 결국 리더의 소통 스킬과 구성원의 참여를 이끄는 스킬이 꼭 필요하다. 리더는 변화의 필요성, 방향성, 추진 과정, 진척도, 성공 사례 등에 대해서 끊임없이 소통해야 한다. 그 과정에 구성원이 함께 참여해서 논의하고 의사결정 할 수 있는 기회를 최대한 자주 제공해야 한다. 변화 과정에서 리더의 소통 스킬과 구성원의 참여 스킬에 대한 내용은 6장과 7장에서 소개하겠다.

목적과 상황을
고려한
효과적 소통 스킬

6장

집단의 목표 달성과 생산성이 향상되는 과정은 소통 수준이 결정한다. 마치 혈액의 상태를 설명하는 혈압과 혈당이 몸 전체의 건강을 좌우하는 것과 같다. 집단의 규모가 커지고, 과업의 범위와 복잡성이 높아질수록 소통은 더욱 어려워진다.

팀 발달 단계에서 확인한 바와 같이, 집단의 발달은 명확성과 신뢰 수준과 비례한다. 이는 리더의 소통 스킬에 영향을 받기 마련이다.

본래 리더십은 구성원과의 관계 속에서 빈번하게 이루어지는 리더의 소통을 통해서 발휘된다. 동일한 의미를 담은 메시지도, 어떤 형식 또는 순서로 전달하는지에 따라서 전혀 다른 반응을 가져오기도 한다. 흔히 '말'보다 '말투'가 훨씬 중요하다고 말하는 이유다.

게다가 리더의 성과는 특정한 문제에 대한 대안을 수립하고, 의사결정하는 것에 머무르지 않는다. 이를 구체적인 실행으로 이끄는 것이 핵심이다. 결국 의사결정에 영향을 받는 다양한 이해관계자의 공감과 참여를 이끌어내는 리더의 소통 스킬에 달려 있다.

　이번 장에서는 다양한 역할을 훌륭히 수행하고, 탁월한 성과를 창출하기 위한 토대가 되는 리더의 소통 스킬에 대해 살펴보겠다.

1

효과적
소통 스킬

여기 차를 마시며 대화하는 두 사람이 있다. 만약 질문하는 사람이 '검사'라고 한다면, '취조'를 하는 것이다. '기자'라고 한다면 '인터뷰'라 부른다. '의사'라면 '문진'이라 부른다. '세일즈맨'이라면 '상담'이 된다. '친구'라면 '잡담'이 될 수 있다.

이처럼 대화하는 목적에 따라 다르게 부른다. 공통점은 누군가와의 '소통'이라는 점이다. 이를 조금 확대해봐도 동일하다. 대화, 잡담, 면담, 협상, 발표, 보고, 회의, 설명, 보고서, 기획서, 기안문, 외부 공문 등 모두 '소통'의 범주 아래 있다. 그러므로 소통의 변하지 않는 구조와 원리를 이해하면, 다양한 상황에 효과적으로 활용하고 변용이 가능하다. 이것이 원리 기반 학습이다.

소통의 목적

소통 스킬은 인간의 몸과 마음의 생존 가능성을 높여주는 최고의 수단이다. 물리적 측면에서 생존과 과업 수행 과정에서 복잡한 상호작용과 높은 생산성을 발휘하도록 돕는다. 심리적 측면에서는 자신의 존재 가치를 인정받는 수단이 된다.

인간은 태어난 이후 '언어 습득' 과정을 통해 사회화된다. 특히 시각과 청각은 '말'을 하지 못하는 어린 아기도 상황에 적합한 소통을 하도록 도와준다. 이후 '말과 글'을 배우며, 구체적 사실을 넘어 추상적 개념까지 사용하면서 '상상력'도 발달하게 된다. 생산활동을 떠난 노년기 삶에서도 소통은 사회적 상호작용을 돕고, 궁극적으로 삶의 만족감을 높여준다.

다양한 형태의 소통 목적을 간략히 3가지로 나누어 보면, '감정 공유'와 '정보 공유' 그리고 '설득'으로 볼 수 있다.

비즈니스 세계에서 과업 중심적 소통을 하는 경우, 대부분 '정보 공유와 설득'이 주된 목적이다. 이 중 가장 까다롭고 힘든 것이 '설득'이다. 설득이란, 상대방이 내 의견을 수용하거나 내가 요구하는 행동을 수행하도록 만드는 것이다. 관계 중심의 소통은 상대방과 희로애락의 감정을 공유하는 것이 목적이다.

효과적 소통이란, 의도한 소통의 목적을 충실히 달성한 경우를 의미한다. 발신자 입장에서의 목적 달성은 일방적 소통을 유발한다. 수신자까지 고려한 목적 달성이 양방향 소통을 이끌 수 있다. 다시 말해, 소통은 나와 상대방 모두의 목적을 달성할 때 효과적이었다고 할 수 있다.

소통의 구조 이해

의사소통communication이란, 라틴어 'Communis'에서 온 말로 '공통' 또는 '공유'라는 의미를 포함하고 있다. 나와 다른 사람과 '공통의 상징'을 통해서 '사실과 감정을 공유'하는 것으로 이해할 수 있다. 의사소통 모델을 통해서 살펴보면 다음과 같이 쉽게 이해할 수 있다.

참조: 벌로(Berlo), SMCR 모형(Sender, Message, Channel, Receiver), 1960

첫째, '발신자'는 자신의 의도를 효과적으로 공유하기 위해 시작한다.

의사소통의 목적은 크게 '감정, 사실, 의견'의 공유이다. 나와 상대방이 공유하는 것이 적은 경우, 입장이 다른 경우, 목적이 다른 경우, 물리적으로 다른 공간에 위치하고 있는 경우 '효과적 소통'에 어려움이 크다. 소통은 마치 상대방과 공을 주고받는 탁구 게임을 연상해도 좋다. 독백도 가능하지만, 대부분 상대방이 존재한다.

둘째, '발신자'는 '상징을 통해 메시지를 기호화'한다.

상대방의 직업과 경험 수준 등을 고려해서 '가장 쉽게 이해할 수 있는 메시지'로 구성해야 한다. 가능하다면 구체적인 사례와 실제 모습을 생생하게 떠올릴 수 있는 것이 효과적이다.

말과 글뿐 아니라 표정과 말투 등의 비언어적요소를 통해서 표현할 수 있다. 소통의 효과성을 높이기 위해서는 '자신과 상대방'이 모두 공유하고 있는 상징을 활용하는 것이 효과적이다. 예를 들어, 서양의 경우 그리스 신화나 성경이야기 속에 등장한 상황이나 상징을 비유로 설명하기도 한다. 무엇보다 상대방 관점에서 쉽고 명확하게 이해할 수 있도록 메시지를 구성해야 한다.

셋째, 적합한 '채널'을 선정하여 전달한다.

인간은 외부의 감각적 자극을 지각하는 과정을 통해서 소통한다. 메라비안 교수는 소통의 대부분이 시각과 청각에 의해 이루어진다는 연구 결과를 발표했다. 시각이 55%, 청각이 38%를 차지하며, 언어와 논리 등의 메시지는 고작 7% 미만으로 나타났다. 실제 낯선 공간이나 외국에서의 경험을 떠올려 보기 바란다. 어린 아기들이 말을 배우기 전에 소통하는 모습도 동일하다. 대부분 '타인의 행동'을 관찰하고 모방하는 방식으로 무리 없이 적응했다.

소통의 채널은, '시간과 공간'이라는 장벽을 극복하도록 도와주는 ICT 발달로 훨씬 편리해졌다. 상황에 따라 이메일과 전화, 메신저, 화상회의, 우편 등을 활용할 수 있다. 그러나 발신자의 의도와 달리 수신자의 해석 과정에서 '의도하지 않은 오해'로 소통이 실패하는 경우가 적지 않음을 유의해야 한다.

5감각을 모두 사용할 수 있는 '대면 소통'은 감정소통에 매우 효과적이다. 측은한 마음과 고마움, 부끄러운 마음 등을 전달하는 데 꼭 필요하다.

예를 들어, 누군가에게 사과를 하거나 도움을 요청하는 상황이라면 '대면 소통'이 가장 효과적이다. 그 상황의 절박한 감정을 공유할 수 있기 때문이다. 혹시 까다로운 주제로 소통하게 된다면 '문서'는 가장 최후의 수단임을 기억해야 한다. 까다롭고 민감한 주제라면 직접 만나는 방법을 선택해야 한다.

넷째, '수신자'는 자신의 경험과 지식을 기반으로 '기호화된 메시지를 해석'한다.

제한된 정보를 근거로 가정Assumption하고 추측Guessing하는 과정에서 해석의 오류가 발생할 수 있다. 상대방의 진짜 의도와 달리 오해할 가능성이 존재한다. 이처럼 소통의 구조 속에는 다양한 장애물Noise이 존재한다.

발신자와 수신자 모두 공동의 목표는 '효과적인 소통'이다. 이를 위해 상호 적극적인 노력이 필요하다. 발신자 입장에서는 상대방의 관심사와 특징을 충실히 이해하고 고려한 방식으로 진행해야 한다. 하고 싶은 이야기에서 상대방이 듣고 싶어 하는 이야기를 들려주는 것이 효과적이다. 수신자에게 익숙한 메시지와 채널을 선택해야 한다. 발신자 입장에서 모호한 부분이 없도록 상대방에게 확인을 요청해야 한다. 수신자는 자신이 이해한 내용이 맞는지 명확하게 피드백해야 한다.

효과적 소통의 요건

집단의 소통 수준은 팀 발달 수준과 비례한다. 높은 수준의 팀 발달은 탁월한 팀의 목표 달성과 생산성을 이끄는 토대가 된다. 과업과 관계 차원의 원활한 소통은 마치 건강한 몸을 유지하는 혈액 수준과 비슷하다. 집단

속 소통의 효과성을 확보하려면, 명확성과 논리성 그리고 신속성을 갖추어야 한다.

첫째, 명확성이다.

해_日와 달_月이 밤낮으로 밝게 비추는 것이 '명확'성의 본질이다. 소통 상황에서 수신자 입장에서 발신자가 전달한 메시지에 대해서 '궁금한 사항이 없는 수준'이 가장 훌륭한 것이다. 이를 위해서는 6하원칙을 충족시켜야 한다. 모호한 메시지는 오해를 유발할 가능성이 높으며, 효율을 낮추기도 한다.

예를 들어, 목표 설정 단계에서 '고객만족 수준' 향상을 반영한다면, 고객 만족을 위한 행동을 더욱 확대하라는 것인지 아니면 최종적인 고객만족 점수를 높이라는 것인지를 명확히 해야 한다. 결과만 강조하는 것인지, 과정도 함께 고려해야 하는지 등의 모호함이 존재해서는 안 된다. 수신자 입장에서 익숙한 방식으로 해석할 가능성을 전제로, 다른 해석 가능성이 낮은 '숫자'를 활용하는 것도 좋다. 중요한 사항이라면 반드시 확인을 요청하는 것이 효과적이다. 명확성이 중요한 과업 추진 아젠다는 다음과 같다.

- 추진배경(목적, 목표)
- 이해관계자 기대사항
- 프로젝트 팀 구성원 역할과 책임, 평가 및 보상 기준
- 추진 범위, 예산, 일정, 리스크
- 분석자료(문헌, 인터뷰, 통계 등)
- 집단의 합의된 공통 프로세스
- 과업 추진 경과(진척도, 추진 이력)

- 의사결정 사항
- 변경사항

명확한 소통을 위해 수신자 입장에서는 발신자의 메시지에 대해서 즉시 질문하거나 재확인 과정을 거친다. 문서작성을 한다면 반드시 목적에 적합한 목차를 먼저 꼼꼼하게 점검하고, 퇴고의 과정을 꼭 거쳐야 한다. 리더가 발신자가 되는 경우, 명확성은 구성원의 '예측 가능성'을 높여준다는 점을 꼭 기억해야 한다. 구성원들은 리더의 소통만 믿고 행동할 수 있기 때문에 '심리적 안전'을 느끼는 데도 기여한다.

둘째, 논리성이다.

논리란 주장하는 메시지와 이를 뒷받침하는 구체적인 데이터와 이론 또는 권위 등의 논거가 짜임새 있는 경우를 말한다. 쉽게 '자연스러움'으로 바꾸어 이해해도 좋다. 주장에 대한 이유가 '타당하고 납득될 만한 내용'일

Point 주장	가장 중요한 핵심을 먼저 말한다.	저는 ~해야 한다고 생각합니다! 오늘 말씀드리고 싶은 것은 ~입니다!	저는 담당 역할 배정을 조정할 필요가 있다고 생각합니다.
Reason 이유	앞에서 주장한 이유나 배경을 풀어 설명한다.	왜냐하면 ~이기 때문입니다! 그 이유는 ~입니다!	왜냐하면, 최근 신규 프로젝트 수행으로 기존 운영업무 공백이 예상되기 때문입니다.
Example 예시	주장을 증명하는 구체적인 사례를 몇 가지 소개한다.	예를 들면, ~ 구체적으로 말씀드리면~	예를 들면, 매주 거래처 현황 보고와 재고관리 업무를 놓칠 가능성이 높습니다.
Point 재강조	다시 한번 주장의 요점을 강조하고 마무리한다.	말씀드린 바와 같이, 결론적으로~~ 다시 말씀드리자면~	결론적으로, 다음 주까지는 조정미팅을 진행했으면 합니다.

때, 논리성을 갖추었다고 말할 수 있다. 논거는 상대방도 인정할 수 있는 널리 알려진 내용일수록 효과적이다. 예를 들어, 법적 근거나 과학적 사실과 구체적인 사례 등을 생각해 볼 수 있다. 너무 많은 논거보다는 3가지 이내의 가장 핵심적인 내용을 중심으로 전달하는 것이 임팩트가 높다. 신문의 사설 구조인 프렙PREP 방식을 활용하면 매우 효과적이다.

논리적 설명을 위해 효과적인 관용적 표현 3가지를 소개하자면, '**왜냐하면, 예를 들어, 그러므로**'이다. 상대방을 설득해야 하는 상황이라면 메시지를 효과적으로 전달하는 데 유용하다.

- 우리의 일하는 방식을 바꾸지 않으면 안 됩니다.
- **왜냐하면**, ICT 기반 고객소통이 보편화되었기 때문입니다.
- **예를 들어**, 경쟁사 B사는 이미 마케팅 과정에 적용해서 효과를 보고 있습니다.
- **그러므로**, 올 상반기까지는 반드시 새로운 방식을 도입해야 합니다.

셋째, 신속성을 갖추어야 한다.

신속성은 소통의 효율성을 의미한다. 의사소통을 위한 '자원 투입을 최소화'하되, 그 목적은 달성해야 한다. 발신자와 수신자 모두의 시간과 노력을 최소화하도록 해야 한다. 이를 위해 서로 공유하는 부분을 효과적으로 활용해야 한다. 발신자와 수신자가 공유하는 부분, 공통적인 부분이 많을수록 속도가 높아진다.

에드워드 홀Edwards Hall은 비교문화 연구를 통해 동양을 '고맥락 문화High Context Culture'로 정의하고 서양을 '저맥락 문화Low Context Culture'로 설명했다.

주로 동서양의 다른 특징을 중심으로 잘 설명했다.

동양은 동질성을 바탕으로 형성된 집단 중심의 문화적 특징을 갖고 있다. 나와 상대방이 공유하는 '공통점'이 많다는 전제에서 접근한다. 서로에 대한 충분한 이해를 전제로 소통하기 때문에 '상황과 관계'를 매우 중요하게 생각하며, 빠르게 소통할 수 있는 강점이 있다. 물론 위계적 구조와 눈치껏 알아서 소통해야 하는 모호함은 극복해야 할 단점이 맞다. 반면 서양의 저맥락 문화는 나와 상대방의 공통점이 적다는 점을 전제로 한다. 다시 말해, 내가 알고 있는 사실과 정보를 상대방은 모를 가능성이 높다는 점에서 소통을 시작한다. 덕분에 TMI가 필수인 셈이다.

학자들은 각자 문화적 특징의 차이가 있는 것이지, 우열을 구분하기 어렵다는 점을 강조한다. 디지털환경에서 신속성을 강조하기 위해서는 상대방에 대한 전제를 먼저 잘 판단해야 한다. 만약 공유하는 것이 많다면, 간결하게 소통해도 문제가 없다. 문서 작성의 경우, 핵심 위주로 작성하는 '개조식'을 적용할 수 있다.

반면 저맥락 상황이라면, 최대한 상세한 소통이 필요하다. 왜냐하면, 명확성이 가장 중요하기 때문이다. 속도보다 충실하고 상세한 것이 더 중요하다. 문서 작성 시 '서술식Narrative'이 효과적이다. 그럼에도 문장은 주어와 서술어 관계가 하나로 구성된 단문이 좋다.

집단이 지속성을 가지고 소통해야 하는 상황이라면, 상호 공유하는 부분을 확대하기 위한 의도적 노력이 매우 효과적이다. 바꾸어 말하자면, 관계적 소통은 과업 중심의 관리적 소통에 크게 기여한다.

속도를 높이기 위해서 공통의 경험을 기반으로 '비유와 상징'을 통해 전달해도 좋다. 전문가 집단이라면 '핵심 전문 용어' 사용을 통해 설명을 줄

일 수 있다. 집단이 공유하는 용어집을 만들어 사용하는 것도 유용한 전략
이 된다.

2

리더의
소통

거듭 강조하지만, 리더십은 관계 속에서 빈번하게 주고받는 리더의 소통 스킬을 통해서 발휘된다. 말의 힘이 큰 것은 말하는 사람이 가진 파워 때문이다. 상대방에게 충분한 신뢰와 존경을 받고 있기 때문이다. 이를 퍼스널 파워라고 소개한 바 있다.

집단의 모든 활동은 궁극적으로 '목표 달성'이다. 그 과정에서 리더의 소통은 '명확성과 신뢰'의 수준을 높이는 데 초점을 둔다. 목표와 역할, 시너지를 촉진하는 프로세스를 명확하게 만드는 과정이 팀 발달 수준을 높이며, 성과를 견인할 수 있다.

리더의 소통은 과업 추진 과정에서 업무 지시 및 회의 스타일로 발휘된다. 또한 구성원의 성장과 인정, 행동교정 등 관계적 측면의 소통 과정에서도 자신에게 익숙한 방식으로 소통할 가능성이 높다. '소통 스타일'은 한 개인의 고유한 지문처럼, 상황과 상관없이 비슷하게 행동할 가능성이 높다. 사람들은 이것을 '리더십 스타일'로 이해한다.

실제 집단의 문화적 특징은 리더가 발휘하는 스타일에 70% 이상 영향을 받는다는 Hay Group의 연구 결과가 있다. 마치 집안의 가풍이 '가장의 소통 스타일'에 영향을 받는 것과 비슷하다. 동양과 서양의 문화적 차이도 이런 특징으로 나누어졌다. 동양에서는 상명하복, 침묵과 순응을 미덕으로 가르쳤기 때문이기도 하다.

홉스테드Hofstede는 세계 여러 나라의 문화를 비교연구했는데, 동양의 집단주의적 문화에서 '권력 거리 지수Power Distance Index'가 크게 나타났다는 점을 보고했다. 실제 1997년 8월 6일 대한항공 여객기가 하와이에 추락한 사건에서 현실로 나타났다. 사고 조사 결과 블랙박스에는 당시의 대화가 남아 있었다. 기장과 부기장의 권력 거리가 멀기 때문에, 착륙 당시의 객관적 상황에 대해서 '부기장이 있는 그대로 보고하지 못하고 모호하게 답변'했던 것이 착륙 시 기장의 잘못된 판단을 야기했던 것이다.

켈Kel도 위계적 구조에서 계층 거리의 제곱만큼 심리적 거리가 멀다는 점을 말했다. 예를 들어, 동료 간 거리가 1이라면 상사나 구성원 사이 거리는 2가 된다. 그리고 심리적 거리감은 2가 아닌 4 정도로 커진다는 의미이다. 관료적 조직의 경우 최종 의사결정 권한자에게 실제 상황에 대한 보고가 전달되는데 복잡한 층계와 사람이 존재하는 경우, 소통의 비용과 왜곡 가능성이 높다는 점을 시사한다. 답도 현장에 있고 실행도 현장에서 할 것이라면, '현장의 목소리가 최종 의사결정자'에게 빠르고 정확하게 전달되는 것은 매우 중요하다.

리더의 소통 상황

디지털시대 수평적 조직에서 양방향 소통을 할 때 리더의 개입이나 간섭은 최소화된다. 예를 들어, 업무의 지시와 점검, 보고 등의 일상관리 소통은 과거보다 유연하게 축소되고 있다. 그럼에도 불구하고 집단이 환경변화에 민첩하게 적응하기 위해서는 리더가 소통을 주도하고 집단 차원의 소통 수준을 높이기 위해 적극적으로 개입해야 한다.

리더가 주도하는 소통은 주로 목표 설정이나 변화의 방향성에 대한 이야기를 전할 때다. 그 과정에서 구성원들의 참여를 촉진하고, 다양한 저항을 극복하기 위한 설득이 필요하다. 요약하자면, 리더의 소통은 구성원의 공감과 참여가 필요할 때 더욱 필요하다.

리더와 구성원 개인이 소통하는 경우는 1대1 면담이라는 형식을 떠올려 볼 수 있다. 이때 소통의 목적은 구성원의 성과에 대한 인정과 칭찬, 행동변화의 피드백, 합의도출, 고충 청취 등으로 볼 수 있다.

구성원 전체 또는 집단과 소통하는 경우, 공식적인 커뮤니케이션이 필요하다. 구성원 모두에게 왜곡 없이 방향성을 명확히 공유하고, 질의응답 및 집단지성을 이끌어 내기 위해서다. 이를 요약하면, 리더에게 필요한 소통 스킬은 다음의 3가지로 나누어 볼 수 있다.

구 분	스토리텔링	퍼실리테이션	면담
목 적	목표 공유, 변화 방향 공유, 참여 유도	참여적 의사결정, 집단지성 촉진, 갈등 조정	경청, 질문, 인정/칭찬, 행동변화 피드백, 합의도출, 고충 청취
대 상	집단 (2인 이상)		개인

서로 다른 유형의 소통 상황으로 볼 수 있지만, 구성원의 구체적인 행동
을 이끌어 내기 위한 '설득'이 궁극적인 목적이라는 점은 공통적이다. 퍼실
리테이션과 관련한 부분은 7장에서 소개하겠다.

상대방의 마음을 여는 스킬, 경청

리더와 구성원이 부담스럽고 민감한 주제로 대화를 하는 경우, 상대방
의 심리적 흐름을 고려한 접근이 필요하다. 예를 들어, 평가와 보상, 교정
적 피드백 등의 이야기를 나누는 면담 장면을 떠올려 보기 바란다.

구성원 입장에서 방어기제가 작동될 가능성이 있다. '방어기제'는 프로
이트가 제시한 개념으로, '외부의 자극'이 '자신에게 위험'이라고 느껴지는
상황에서 '자신을 안전하게 보호'하기 위한 무의식적 메커니즘이다. 이때
나타나는 반응을 크게 3가지로 구분할 수 있다.

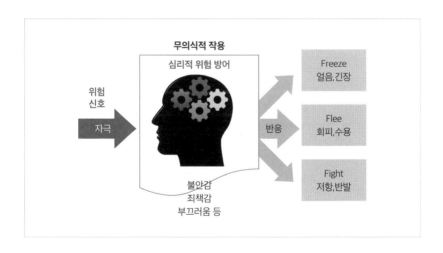

첫째, 얼어버리는 것이다Freeze. 당황한 나머지 잠시 멈추게 되는 것이다. 둘째, 그 자리를 빠르게 회피Flee하기 위한 행동을 하는 것이다. 빠르게 수용하는 태도를 보이거나, 주제를 다른 것으로 전환시키는 방식이 가장 보편적이다. 셋째, 맞서 싸우는Fight 행동을 보이는 것이다. 부정적 태도를 넘어서, 상대방의 잘못까지 지적하고 '논쟁'을 넘어서 '갈등이 심화'되기도 한다. 이처럼 형태는 다양하게 나타날 수 있지만, 불편한 상황으로부터 자신을 지키려는 공통된 모습이 방어기제다.

그러므로 리더는 상대방의 마음을 열고, 방어기제를 제거한 상태를 만들어야 한다. 이것이 라포Rapport를 형성하는 것이다. 이를 위한 몇 가지 조언은 다음과 같다.

표정 관리는 일단 가장 쉽지만 무의식적으로 나타나기 때문에 종종 오해를 유발할 수 있다. 모든 인간은 '시각 자극'을 중심으로 정보를 습득하고 빠르게 판단을 내리곤 한다. 상대방의 입 모양과 눈동자는 '무언의 메시지'를 전달하는 매우 강력한 채널이다. 그러므로 편안한 표정과 미소를 지으며 대화를 시작하는 훈련을 꾸준히 해야 한다.

대화 과정 중에 상대방과 비슷한 자세를 취하거나 동작을 따라 하는 미러링이 효과적이다. 상대방이 눈치채지 못하도록 자연스럽게 따라 하는 것이 효과적이다. 페이싱이란, 미러링과 함께 상대방의 말하는 속도와 크기, 감정 등의 페이스에 맞추어 '무의식적으로 편하다'는 감정을 전달하는 것이다. 백트래킹이란, 상대방의 말을 경청하고 있음을 반응하는 것이다. 상대방의 말을 그대로 재진술 하거나 비슷한 감정을 다른 표현으로 바꾸어 말하거나, 상황을 요약하며 말하는 것이다.

미러링 Mirroring	페이싱 Pacing	백트래킹 Backtracking
• 상대방의 자세와 호흡, 몸동작 및 표정 등 신체 움직임을 마치 거울로 비추듯 따라 하기 • 상대방에게 집중하고 있으며, 인정하며 우호적으로, 관심 있게 듣고 있음을 표현하기	• 상대방의 음성 및 고저 등의 속도에 맞추기 • 상대방이 보다 편안하고, 자유롭게 자신의 생각을 말하도록 돕기	• 재진술(Restate) 하기: 상대방이 말한 내용을 그대로 반복함으로써 상대방이 자신의 말을 재점검하는 기회 제공 • 환언(Paraphrase)하기: 상대방의 말을 자신이 이해한 내용으로 바꾸어 말하기 • 요약(Summarize)하기: 상대방 말의 핵심을 논리적으로 조직화하기

그리고 '의도하지 않게' 무의식적으로 드러나는 '불편한 말투'도 조심해야 한다. 특히 '평가 및 판단'의 뉘앙스가 반영되지 않도록 주의해야 한다. 객관적 사실 위주로 묘사하는 것이 효과적이다.

예를 들어, "○○님은 역량이 부족하다. ○○님은 주인의식이 낮다."라는 표현은 "○○님은 자료 분석 과정에서 3번의 중요한 실수를 했다. ○○님은 과제 추진에 대한 납기를 놓쳤을 뿐 아니라 이를 극복하기 위한 별다른 조치를 취하지 않았다."처럼 바꿀 수 있다.

상대방의 이성적 생각을 촉진하는 스킬, 질문

상대방과의 라포가 형성되면, 무겁고 까다로운 주제에 대한 대화를 이어 나갈 준비가 되었다고 볼 수 있다. 이때 상대방의 주의를 집중시키기 위해서는 '질문'을 통해 전달하는 것이 효과적이다. 메시지를 평서문이나 명령문이 아니라 '의문문'으로 전달하면, 합리적 사고를 촉진하게 된다. 특히 반대 의견을 갖고 있는 상대방에게 '질문' 방식으로 전달하면 저항감을 줄이고 설득에도 도움이 된다.

소크라테스는 '너 자신을 알라'는 말로 유명했다. 그는 아테네의 유명한 사람들을 만나, 질문을 통해서 그들이 얼마나 무지한지를 느끼게 했다. 그의 어머니는 산모의 출산을 돕는 '산파'였다. 산파는 산모와 깊이 공감하고 자극함으로써 안전한 출산을 돕는 역할을 한다. 이와 비슷하게 그는 질문을 통해서 상대방의 무지를 일깨워 줄 수 있음을 알려주었다.

바꾸어 보자면, 리더는 대화 속에서 상대방이 갖고 있는 확신의 근거에 대해서 질문함으로써, 이를 비판적으로 사고하고 타당화하도록 도울 수 있다. 이를 통해 상대방의 성장을 돕고, 문제를 해결하도록 도울 수 있다. 문제해결 과정에서도 5번의 Why를 반복하는 것은 현상 이면에 존재하는 '근본 원인'을 파악하는 데 유용하다.

이처럼 리더는 '답을 말하는 역할'이 아니라, '질문을 만들어 내는 역할'을 해야 한다. 질문은 의사결정과 대안을 도출하는 과정뿐 아니라, 구성원의 성장을 돕기 위한 목적에도 효과적이다.

대안을 찾기 위한 질문	참여를 유도하기 위한 질문	책임을 확인하기 위한 질문	관점을 바꾸기 위한 질문
• 지금까지 무얼 해 봤나? • 앞으로 무얼 할 수 있을까?	• 달성하려면 어떻 게 하면 좋을까? • 좋은 생각 없을까?	• 그럼 필자는 무엇을 도와드리면 될까? • 결과는 언제 확인할 수 있을까?	• 우리의 고객은 누구인가? • 고객이 중요하게 생각 하는 가치는 무엇인가?

교정적 피드백을 전달하는 상황이라면, 상대방이 비난받는다고 느낄 수 있는 'Why'는 'What이나 How'로 바꾸어야 한다. 예를 들어, "지난번 회의 중에 왜 그렇게 말했나요?"라는 표현은 상대의 잘못을 비난하는 뉘앙

스를 전하기 때문에 방어기제를 유발할 수 있다. 그러므로 "저는 지난번 정말 당황스러웠는데, 무엇 때문에 회의에서 그렇게 반응했나요?"라고 말할 수 있다.

단호한 원칙을 공유하는 방법

상대방과 우호적 관계를 유지하는 것은 바람직하지만, 집단 전체의 문제 행동을 방치하거나 단호하게 처리하지 못한다면 곤란하다. 리더는 '좋은 게 좋은 거다'라는 식으로 표현하는 '굿가이 콤플렉스'Good guy complex를 경계해야 한다.

절대다수 구성원들은 집단 프로세스 준수를 위해 노력하고 있음에도, 위반자에 대한 적절한 조치가 이루어지지 않으면 '공정성'이 깨졌다고 판단할 가능성이 있다. 결국 집단의 성과 행동은 급속도로 하향 평준화할 가능성이 높아진다. 관계 중심의 집단은 사교집단Country club으로 전락하게 되어 본래의 목표 달성과 거리가 멀어지게 된다. 따라서 이를 경계하기 위해서는 다음과 같은 원칙 공유 방법을 사용하면 효과적이다.

첫째, I 메시지를 통해서 기대치를 전달한다.

상대방에게 기대하는 구체적인 대안 행동을 제시할 때, 'You 메시지'가 아니라 'I 메시지' 방식으로 전달한다. 상대방이 고압적 또는 위계적 지시라고 느끼지 않도록, 청유형으로 제시하는 것이 효과적이다. 문제 행동의 교정을 위한 목적이라면 다음과 같이 말할 수 있다.

예) "김 책임님! 리더인 제 입장에서는 우리 부서의 책임이 아니더라도 정중히 사과부터 했으면 좋겠어요. 그렇게 해줄 수 있을까요?"

"박 선임님! 저는 협력사 분들을 존중해줬으면 좋겠어요. 화가 나더라도, 조금 더 정중한 방식으로 요구했으면 좋겠습니다. 가능하겠지요?"

바람직한 행동에 대한 인정과 칭찬을 위한 목적이라면 다음과 같이 표현할 수 있다.

예) "김 책임님! 지난번 제 휴가 중에 프로젝트 미팅을 주도적으로 운영해 주어 고마웠습니다. 미안해서 부탁을 주저했는데, 프로젝트 이슈 해결에 큰 도움이 되었습니다. 앞으로도 기회가 될 때마다 지금처럼 적극적으로 참여하고 주도해 주셔도 좋겠습니다. 그래줄 수 있겠지요?"

둘째, 타협할 수 없는 원칙이나 기준을 명확히 전달한다.

상대방의 입장을 충분히 공감할 수 있지만, 집단 전체를 위해 예외를 허용하기 어렵다는 점을 명확하게 전달한다. "그래도 ~~해야 한다." 또는 "그럼에도 불구하고 ○○는 지켜야 한다."라는 표현을 통해 단호함을 전달해야 한다.

예) "최 과장님! 부모님이 편찮으셔서 어려움이 많은 것 잘 알고 있습니다. 그래도 이번 프로젝트 납기는 반드시 지켜야 합니다. 어떻게 하면 좋을까요?"

"박 대리님! 멀리서 출퇴근하느라 아침 일찍부터 서두르는 것 잘 알고 있습니다. 그렇지만 혼자만 출근 시간을 다르게 적용해 드리기 어렵습니다. 다른 구성원들도 각자 사정이 있지만, 출근 시간을 지키기 위해 애쓰고 있습니다."

소통의 빈도를 높이는 방법

소통의 빈도와 집단의 성과는 비례한다. 소통을 통해서 '시너지 발휘'의 토대가 되는 '신뢰'와 '명확성'을 높일 수 있다. 소통 수준을 높이기 위해서는 빈도가 매우 중요하다. 빈도를 높이기 위해서는 '형식을 없애거나 간소화'해야 한다. 그래야 쉽고 편해진다. 이를 위한 몇 가지 방법을 살펴보겠다.

첫째, 약속한 시간에 함께 일하기!

함께 일하는 시간을 정해서 일하는 것이다. 머릿속 생각으로 '알고 있는' 것과 달리 '눈으로 보고 느끼는' 것의 효과는 훨씬 크다. 보험회사 세일즈맨들의 경우, 매주 정해진 시간에 팀 전체가 아웃바운드 콜드콜을 함께 진행하기도 한다. 콜드콜의 특성상 상당한 경우, 'No'라는 거절을 주로 듣게된다. 이때만큼은 모두 큰 목소리로 전화통화를 한다. 보다 자신감 있게 고객을 설득한다. 동료들의 힘찬 목소리는 '동료애와 격려'로 작용한다. 게다가 신규 영업사원에게는 '선배들의 일하는 방식을 학습하고 자연스럽게 기존의 문화에 적응하는 기회'가 된다.

만약 비대면 상황에서 작업을 하는 경우라도 가능하다. 약속된 시간에 화상회의 프로그램에 접속한 상태에서 각자의 공간에서 독립적 업무를 진행하는 것이다. 필요시 자연스럽게 대화할 수 있는 분위기를 조성한다.

미국의 유명한 IT기업 중 깃랩Gitlab이라는 회사는 100% 리모트로 근무하는 기업이다. 회사에서는 구성원들 사이의 '잡담'과 '소통'을 적극 권장하고 있다. 이 중 우수사례에 소개된 팀 중에는 '매일 30분씩 주제를 정해 팀원들과 잡담'하는 시간을 루틴으로 운영하는 경우가 있었다. 팀원들에게

'자신의 관심사와 생각'을 공유함으로 '자기 노출'을 자연스럽게 할 수 있게 되었고, 서로 '공감대'가 높아졌다. 자연스레 '협업과 성과'도 높아졌다.

둘째, 근무하는 공간 설계 및 배치 활용!

외부의 물리적 공간이 소통을 촉진하는 효과적인 전략이 될 수 있다. 마치 대형백화점과 쇼핑센터의 고객 동선을 설계하는 인테리어와 같은 개념이다. 인간은 '시각'에 대한 의존도가 높기 때문에 말이나 글 없이도 '대부분의 정보를 습득'할 수 있다. 따라서 이런 '시각적 자극'을 의도적으로 제공하는 것이 효과적인 전략이 될 수 있다.

구성원들이 '소속감, 자부심' 등을 느낄 수 있도록 '감정을 유발하는 시각적 환경'을 제공하는 것이다. 예를 들어, 파티션이 없는 책상으로 교체하는 것이다.

일터에서 다양한 사람들과 교류할 기회가 가장 많은 공간은 어디라고

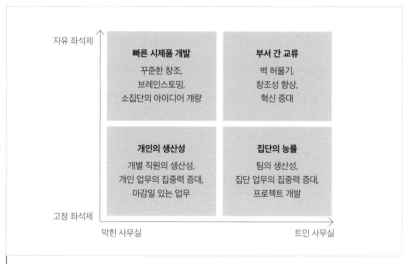

출처: HBR 2014. 10., 사람을 움직이게 하는 업무 공간

생각하는가? 근무공간인 사무실이 아니다. 오히려 화장실, 탕비실, 휴게실, 흡연공간, 구내식당, 회의실, 출입구, 엘리베이터, 주차장이다.

픽사Pixar에는 '화장실이 단 1개만 있다'는 유명한 말이 있다. 스티브 잡스의 독특한 경영철학이 잘 반영된 것이기도 했다. 마찬가지 그의 생의 마지막 걸작이라고 하는 실리콘밸리 사옥을 건축하는 과정에서도 '최대한 자연스러운 소통'을 할 수 있는 공간을 설계하도록 요구했다고 한다.

비슷한 예로 구글과 실리콘밸리의 거대 IT기업들이 '쉽고 빠르게 이동할 수 있는 엘리베이터' 설치보다 '느린 에스컬레이터'를 활용하도록 설계한 것은 주목할 필요가 있다. 이런 환경에서는 비슷한 동선을 오가면서, 우연히 만나게 되는 '동료들과 가벼운 인사'를 나눌 수 있다. 평소 전화와 이메일을 통해서 협업했던 상대방이 알고 보니 '늘 자주 마주쳤던 이름 모를 동료'였다는 사실을 확인하고 '친밀한 관계, 신뢰하는 관계'로 발전하기도 한다. 이때부터 일은 훨씬 수월하게 진행될 가능성이 높아진다.

　이처럼 '무의식적으로 접촉할 수 있는 빈도'를 높이도록 설계하는 것도 좋다. 그 전제는 상대방에 대한 '부정적 감정'이 없어야 한다. '자주 보면 좋아진다'는 에펠탑 효과를 기대할 수 있다.

3

스토리텔링
방법

많은 사람들이 기억하는 최고의 리더를 꼽으라면, 그들의 말과 행동이 일치되는 부분에 주목한다. 특히 중요한 사건이 있을 때 누군가에게 연설을 하거나 메시지를 전한 연설 장면이 오래도록 기억에 남아 있다.

예를 들어, 링컨 대통령과 마틴루터킹 목사 그리고 오바마 대통령의 이야기를 떠올릴 수 있다. 링컨은 1863년 남북전쟁을 승리로 이끈 후, 게티스버그에서 'Of the people, By the People, For the People'이라는 자유와 평등의 메시지를 전달했다. 전 세계에서 가장 많이 인용되는 연설이기도 하

다. 이후 100년이 지난 1963년 'I have a dream'이라는 마틴루터킹의 연설은 강한 감동을 주었다. 그리고 2008년 미국 최초 흑인 대통령으로 당선된 오바마는 'Yes, We Can'이라는 말로 오랜 시간 키워왔던 미국인들의 꿈이 자신을 통해서 이루어졌음을 간결하게 전달했다.

그들은 복잡한 논리와 세련된 표현이나 제스처보다, 구성원들이 간절히 바라던 이미지를 구체적으로 상상하고 경험할 수 있도록 스토리로 전달했다. 구성원의 공감과 지지를 이끌어내는 데 초점을 두었다.

스토리텔링의 효과는 무엇인가?

사람들은 '선생님'이 말씀하시는 딱딱한 '정답'에는 집중하지 못한다. 그러나 '약장수'의 재미있는 주관적 '주장'에는 오랫동안 주의를 기울인다. 왜 그럴까? 이유는 간단하다. 재미있기 때문이다. 이야기의 전개가 궁금하기 때문이다. 주인공의 입장에 몰입하게 되고, 공감하게 된다.

선생님께서 설명하는 '지극히 옳은 객관적 사실의 메시지'는 학생들의 시선과 마음을 열기 쉽지 않다. 상대방은 '맞지만 듣기 싫다'는 식의 '잔소리'로 폄하할 수 있다. 반면 약장수의 '이야기, 스토리'는 설득력이 높다. 스토리는 진정성을 느끼게 하는 '감정'을 효과적으로 전달한다. 이를 '스토리텔링'이라 부른다.

다니엘 카너먼 교수는 제한된 합리성 이론으로 심리학자 최초로 노벨경제학상을 받았다. 그는 『생각에 관한 생각』이라는 책에서 인간 행동의 대부분이 직관과 감정, 무의식의 지배를 받는 시스템1의 영향 아래 있다고 강조했다. 인간이 자신이라고 믿는 시스템2는 이성적이지만 매우 느리며,

시스템1이 내린 판단을 합리화하는 데 역할을 다한다는 점을 지적했다. 결국 인간의 대부분의 의사결정은 감정을 주관하는 쪽에서 담당한다는 점이다. 스토리는 상대방의 감정을 우호적으로 이끄는 데 가장 효과적인 전략이 된다.

스토리란 실제 일어난 사건에 대한 것도 있고, 가상으로 꾸며낸 것도 있다. 역사와 고전문학의 등장인물이 경험했던 상황들을 생생하게 묘사함으로써, 듣는 사람들이 주인공의 입장에서 겪게 되는 목표와 좌절, 성취 과정에 깊이 공감하도록 이끌 수 있다.

전달하는 사람 입장에서는 스토리를 통해서 전달하고자 하는 특정 메시지를 강조할 수 있는 기법이기도 한다. 딱딱한 주장이나 설득의 경우는 반론이나 저항감을 불러일으킬 가능성이 높기 때문에, 스토리가 효과적인 소통 전략으로 많이 활용된다. 스토리텔링 기법으로 메시지를 전달하면 얻게 되는 장점은 다음과 같다.

- 스토리는 인간의 욕망과 두려움을 효과적으로 담아낸다.
- 스토리는 원하는 것과 믿는 것을 구체적으로 보여준다.
- 스토리는 호기심과 상상력을 자극한다.
- 스토리는 쉽고 재미있기 때문에 집중을 잘 한다.
- 스토리는 저항감이 낮다.
- 스토리를 통해 메시지를 접하면 기억에 효과적이다. (예: 역사, 딱딱한 지식)
- 스토리는 의미를 부여하는 데 효과적이다.

스토리텔링이 필요한 상황은 언제인가?

리더 입장에서 객관적 사실을 있는 그대로 전달하는 목적이라면 이메일이나 자료 회람 방식을 활용할 수 있다. 반면 구성원들의 공감대와 구체적인 실행이 중요한 상황이라면 스토리텔링 방식을 활용하는 것이 효과적이다.

일반적으로 업무적 상황에서 실행력이 낮은 이유는 '몰라서 못하는 경우보다 알지만 깊이 공감하지 못했거나 납득되지 않아서'이다. 그러므로 결론 중심의 핵심만 간결하게 전달하는 것보다는 구체적인 배경과 영향, 예상되는 질문에 대한 설명, 쉽고 명확한 이해를 높이는 '스토리텔링 방식'이 효과적이다.

리더의 스토리텔링이 꼭 필요한 상황을 꼽아보면, 집단 차원의 중요한 의사결정이나 문제 상황으로 볼 수 있다. 리더가 직접 나서서 이를 수습하고 오해 없이 명확성을 높여야 하는 상황들이다. 대표적인 상황을 소개하면 다음과 같다.

- 새로운 목표 또는 변화 방향성에 대한 강한 열망을 제시하는 상황
- 집단 차원의 실행 과정에 구성원의 몰입과 참여를 유도하는 상황
- 집단 차원의 불안이나, 불만을 수습하기 위한 상황
- 책임과 권한을 위임하기 위한 상황
- 동기부여가 필요한 상황
- 나쁜 소식을 전달해야 하는 상황(소문이 퍼지기 전에 최대한 빨리)

의미 부여를 하는 방법

와인을 한 잔 마시는데, 소믈리에의 설명을 듣고 먹으면 '맛에 대한 반응'이 사뭇 달라지게 된다. 커피도 그렇다. 평소에 마시던 똑같은 원두의 커피이지만, 바리스타의 제조 과정을 직접 보면서, 그 배경에 대한 이야기를 들으면 '만족감'이 매우 높아진다.

박물관의 도슨트, 미술관의 큐레이터, 스포츠 해설위원, 음악평론가, 영화평론가 등 전문가들이 전달하는 메시지 덕분에 우리는 과거에 인지하지 못했던 것을 알게 되고 느끼게 됨으로써 수용도와 만족도가 훨씬 높아진다.

핵심은 '의미를 부여하면, 가치가 높아진다!'는 불변의 원리다. 바꾸어 말하자면, 의미를 부여하면 사건과 사물을 바라보는 관점도 바뀌게 된다.

예를 들어, 오랫동안 영국 최고의 밴드 뮤지션은 비틀즈로만 알아왔었다. 그런데 음악평론가 임진모 선생의 이야기를 들어 보니, 시대를 앞서갔던 천재 뮤지션이 바로 '퀸'이라는 사실을 재확인하게 된다. 과거에는 음악과 스타일 그리고 종종 들었던 이슈 때문에 높은 점수를 주지 않았을지 모르겠다. 몇 해 전 〈보헤미안 랩소디〉라는 영화는 실제 영국보다 우리나라에서 더 큰 흥행을 거두기도 했다.

이처럼 동일한 사실과 환경이지만, 리더가 전달하는 메시지에 따라서 '전혀 다른 관점과 행동의 변화'를 기대할 수 있다. 그것이 바로 스토리텔링의 매력이다. 집단의 방향과 반대되는 입장을 고수하며 저항하는 구성원이 있는가? 아니면 우리의 방향에 합의하지 않는 협업 부서의 리더가 고민인가? 상대방의 마음과 입장을 바꾸기 위해 '효과적으로 의미 부여'를 해보기를 권한다. 이때 메시지의 내용은 상대방 입장에서 익숙한 용어와 사례, 비유를 들어야 구체적인 이미지를 떠올릴 수 있다. 효과적으로 의미 부여를 할 수 있는 접근 방법은 다음과 같다.

- **5감각을 느낄 수 있도록 구체적으로 묘사한다.**

  "캄캄한 새벽, 수평선 넘어 태양빛이 서서히 비추듯이…"

  "마치 얼음장같이 차가운…"

  "담담하지만 단호한 목소리로…"

  "향긋한 커피 향이 나는 듯…"

  "부드럽고 달콤한 아이스크림처럼…"

- **희소성을 강조한다.**

  "세계 최초로…"

  "국내 유일의…"

- **탁월함을 강조한다.**

  "최고 수준의…"

  "그 누구도 흉내 내지 못했던 결과를…"

- **독창성을 강조한다.**

  "한 번도 보지 못했던 제품을…"

  "우리만의 방식으로 고안한…"

- **추진 과정의 난이도를 강조한다.**

  "반복된 실패 속에서 새로운 도전을 시도하는 방법…"

  "전문성 없이는 시도가 불가능한…"

- **역사와 전통을 강조한다.**

  "이미 400여 년 동안 지켜왔던 방법을…"

  "창립 이래 한 번도 바뀐 적이 없는…"

과업 추진에 대한 이해관계자 설득을 위한 의미 부여를 한다면, 다음과 같이 접근할 수 있다.

- 이 일이 왜 중요한가?
- 이 일이 기존의 사례 또는 경험과 무엇이 다른가?
- 이 일의 끝 그림, 아웃풋 이미지는 무엇인가?
- 이 일이 주는 혜택은 무엇인가? (납기, 품질, 비용, 성장, 프로세스 차원)
- 이 일이 장기적 관점에서 시사하는 의미는 무엇인가?

메시지 구성 방법

효과적인 메시지를 전달하기 위해서는 사전에 구체적인 계획이 필요하다. 오랜 시간 익숙한 경우라면, 상황에 적합한 메시지를 즉석에서 구성할 수도 있다. 그럼에도 중요한 상황에서는 반드시 사전에 구성해야 한다.

메시지 전달의 목적은 상대방의 행동이라는 점을 고려하되, 심리적 흐름을 생각해 메시지를 구성할 수 있다. 가장 먼저, 상대방에게 소통 주제와 관련한 명확한 사실을 인식하게 할 내용이 무엇인지를 작성한다. 새롭게 알게 된 사실을 바탕으로 상대방이 확신하도록 만들 신념이 무엇인지 구성한다. 이후 구체적 행동의 원인이 되는 감정이 어떤 것인지 설명한다. 이를 통해서 결국 상대방이 행동하길 바라는 부분을 명확히 한다.

구분	초점	세부 내용	메시지 구성 계획(예시)
사실	구성원들이 알았으면 하는 사실	이해한다. 깨닫는다.	• 스토리텔링의 원리 • 의미 부여 방법
확신	상대방이 확고하게 믿길 바라는 신념	할 수 있다. 가능하다.	• 스토리텔링의 효과가 높다. • 연습하면 충분히 잘 할 수 있다.
감정	구성원들이 느꼈으면 하는 감정	중요하다. 시급하다. 부끄럽다. 기대한다.	• 소통 역량에 대한 자신감 • 현업 적용 가능성에 대한 기대감
행동	적극적으로 실천하길 원하는 구체적인 행동	시작한다. 변화한다.	• 학습 과정에 몰입한다. • 자신의 메시지를 작성하고, 꾸준히 실습한다.

계획이 수립된 이후, 각 단계별로 계획을 효과적으로 전달할 수 있는 구체적인 키워드를 작성한다. 그리고 적합한 표현을 선정하여 문장을 완성한다. 실제 연습을 통해 보다 자연스럽게 전달될 수 있도록 수정하고 보완하는 작업을 몇 차례 거쳐야 한다.

- 변화 메시지 구성

새로운 변화 방향에 대한 메시지를 구성하는 경우, 구성원의 입장에서 공감할 수 있는 내용과 혜택을 포함해야 한다. 변화가 필연적으로 동반하는 저항 요소들을 미리 파악하고, 이를 잘 알고 있다는 점을 언급하는 과정에서 공감을 표현할 수 있다.

순서	1. 목표 제시	2. 상황 공감	3. 혜택 소개	4. 지원 약속
초점	변화를 통해 이루고자 하는 명확한 목표 소개	변화에 대한 구성원들의 어려움을 알고 있음을 표현	변화가 성공하게 될 때, 얻게 되는 개인과 집단 차원의 혜택/이점 설명	구성원들의 변화 활동 과정의 걸림돌 제거와 디딤돌 제공을 약속
예시	우리는 내년 상반기 6월 말까지 신제품을 출시해야 합니다.	지금 인력 부족 때문에 야근에 특근까지 너무 고생이 많습니다. 게다가 납기와 품질을 맞출 수 있는지에 대한 걱정이 크다는 것 잘 알고 있습니다.	이번 프로젝트가 성공하면, 회사는 새로운 시장에 성공적으로 안착하게 되고 안정적 매출을 확보할 수 있습니다. 당신은 성공신화의 주역이 되고, 더 나은 조건에서 일할 수 있게 될 것입니다.	필자는 여러분이 겪어야 하는 고충 해결과 성공을 위해 아낌없이 지원할 것을 약속합니다. 실시간으로 소통할 수 있는 채널을 통해 언제든지 요청하면, 즉시 답변과 지원할 것을 거듭 약속하겠습니다.

메시지를 효과적으로 전달하려면 다음과 같이 해야 한다.

첫째, 최대한 간단한 메시지로 전달해야 한다.

복잡한 내용이라면 최대한 줄여야 한다. 강조하는 내용이나 논거가 3개를 넘어가는 경우 효과가 낮아질 수 있다. 예상했던 시간보다 조금 일찍 마무리할 수 있도록 해야 한다. 시간이 길어지면 집중도가 낮아지고 다른 불만이 생길 수 있다.

둘째, 목적을 말하고 즉시 핵심을 전달해야 한다.

상대방 입장에서 메시지의 목적과 방향을 명확하게 이해해야 집중을 끌어낼 수 있다.

셋째, 핵심 주제는 반복해야 한다.

다양한 매체를 활용해서 반복적으로 전달하는 과정을 통해 중요도를 강조할 수 있다. 이때 동일한 메시지 또는 일관된 메시지를 전달해야 효과성이 높다.

넷째, 상대방의 입장을 이해하고 존중함을 보여줘야 한다.

구체적인 현상과 고충을 언급하며, 충분히 공감하고 있다는 점을 표현하는 것이 효과적이다.

다섯째, 참여를 유도해야 한다.

질문의 형태로 바꾸어 참여를 유도할 수 있다.

4 이해관계자 설득 방법

설득의 원리

설득이란 상대방의 태도와 행동을 자신이 의도하는 방향으로 이끄는 소통 과정으로 볼 수 있다. 예를 들어, 내 의견을 상대방이 수용하도록 만들거나 상대의 부정적 태도와 행동을 나에게 유리하도록 만드는 것을 말한다. 리더의 소통은 궁극적으로 '설득'이 목적이다.

효과적인 설득을 위해 논리적인 접근은 필요조건이지만, 이것만으로는 부족하다. 상대방의 심리적 요인을 고려한 접근이 병행되어야 성공을 기대할 수 있다.

이는 직접민주주의를 실행했던 고대 그리스 모습과 비슷하다. 당시 정치인들은 설득 스킬을 갖추기 위해 철학자들로부터 수사학Rhetoric을 배웠다. 모든 권력의 원천인 시민들을 설득하기 위해 필요했다. 아리스토텔레스는 효과적인 설득을 위한 3요소를 강조했다. 첫째는 말하는 사람의 인격에 기반한 신뢰를 의미하는 '에토스Ethos'이다. 둘째는 듣는 사람들과 정서적 교감을 하며 양방향 소통을 하는 '파토스Pathos'이다. 셋째는 구체적인 사실과 논리를 중심으로 전달하는 '로고스Logos'를 강조했다. 이 중 가장 으뜸은 '에토스'이며, 맨 나중이 '로고스'라고 말한 부분은 퍼스널 파워와 심리적 요인이 훨씬 중요하다는 점을 말해준다.

<설득의 심리 6가지>

법칙	세부 내용
상호성의 법칙	• 인간은 다른 사람이 자신에게 베푼 호의를 그대로 갚아야 한다는 강박관념에 시달린다. • 상호성의 법칙은 남의 호의, 선물, 초대 등등이 공짜가 아니라 분명 미래에 갚아야 할 빚이라는 사실을 우리에게 일깨워주고 있다. • 파티에 초대를 받았다면 후에 파티를 열 때 초대하는 의무를 느낀다는 것
일관성의 법칙	• 인간은 어떤 입장을 취하게 되면 그 입장을 일관적으로 행동하게 되는 심리적 특성이 있다. • 일관성의 동기나 일관성 있게 보이고자 하는 동기는 엄청난 사회적 영향력을 발휘한다. • 설득 이전에 상대방을 적으나마 개입시킬 필요성이 있다.
사회적 증거의 법칙	• 사람들은 확신이 없는 경우 다른 사람들의 행동을 보고 판단한다. • 자신의 능력으로만 설득을 하는 것보다 다른 사람들이 이미 하고 있는 행동을 보여주는 것이 효과적이다. • 집단 전부를 설득하기 위해, 구성원 일부만을 이끌어가면 나머지는 다른 사람들이 행동하는 바에 따라 행동을 하게 된다.
희귀성의 법칙	• 사람들은 갖기 힘든 것을 더 갖고 싶어 한다. • 제안이 지닌 독특성과 받아들이지 않았을 때 손실을 함께 언급한다. • 한정판, 매진, 유일한 기회 등을 강조하는 것이 효과적이다.
권위의 법칙	• 불확실한 상황에서 사람들은 전문가의 의견을 따른다. • 전문성을 언급하는 응대 방식으로 설득 효과를 제고할 수 있다. • 병원에 전문의 자격증이 걸려 있는 병원이 더 신뢰를 준다.
호감의 법칙	• 자신과의 유사성, 칭찬을 잘하는 사람, 자신과 협력하는 사람 3가지 유형의 사람에게 호감을 가진다. • 사람들은 자신이 호감을 가진 이에게 YES로 답할 확률이 증가한다. • 일반적으로 자신을 칭찬하는 말이 진실이라고 믿는 경향이 있으며, 비록 사람들의 칭찬이 명백한 사탕발림일지라도 그러한 말을 하는 사람을 좋아한다.

출처: 설득의 심리학, 로버트

필자는 가장 설득을 잘하는 사람이 마케팅 전문가라고 생각한다. 그들은 인간의 심리를 잘 알고, 구체적인 비즈니스에 활용하고 있다. 그것이 바로 '소비자행동심리'이다. 인간의 보편적 욕구Needs를 자극하면, 필요Wants하다고 생각하게 된다. 그리고 지갑을 열어 시장에서 구매하는 수요Demands로 이끌 수 있다.

로버트 치알디니는 『설득의 심리학』에서 심리적 접근이 효과적인 전략이라는 점을 강조했다. 기회가 된다면, 꼭 한번 읽어 보기를 권한다.

미국의 마케팅 교수인 스콧 갤러웨이Scott Galloway는 빅테크 기업인 구글, 페이스북, 아마존, 애플 등이 인간의 보편적 욕망에 주목하고 이를 효과적으로 자극함으로써 자신들의 제품과 서비스를 구매하도록 설득한다는 점을 강조했다. 이처럼 설득은 인간의 욕망과 두려움을 자극하는 효과적인 전략으로 볼 수 있다.

이해관계자 소통 방법

집단의 성공을 이끌어야 하는 리더 입장이라면 이해관계자 관리가 성공 여부를 결정할 수 있다고 볼 수 있다. 그 핵심은 이해관계자의 특징에 따른 소통 계획을 수립하고 실행하는 것이다. 이를 체계적으로 관리하기 위한 방법을 4단계로 소개하고, 각 단계별로 리더가 이해하고 실천해야 하는 행동이 무엇인지 상세하게 나누어 설명하겠다.

- 1단계: 이해관계자가 누구이며, 관심사가 무엇인지를 파악한다.
- 2단계: 이해관계자의 특성을 평가하고 분류한다.

- 3단계: 이해관계자와 소통 계획을 수립한다.
- 4단계: 소통계획을 실행하고, 평가한다.

1단계, 협업팀의 이해관계자는 누구이며 어떤 관심사를 갖고 있는가?

이해관계자의 유형은 생각보다 많다. 집단의 과업 추진과 관련된 이해관계자를 식별하기 위해서는 다음의 질문에 해당하는 사람 또는 조직을 고려해야 한다.

- 우리 집단의 고객은 누구인가?
- ○○ 과업의 최종 승인자는 누구인가?
- ○○ 과업의 협의자와 합의자는 누구인가?
- ○○ 과업에 직접 참여해서 수행하는 사람은 누구인가?
- ○○ 과업 추진에 영향을 미칠 수 있는 외부인은 누구인가?

이해관계자가 원하는 것이 무엇인지를 명확히 알아야 만족을 이끌어 낼 수 있다.

이해관계자	주요 관심사
주주	• 주가, 배당
직원	• 임금, 상여금, 근무 조건, 성장 기회 등
고객	• 가격, 안전, 브랜드, 신뢰도
공공기관	• 안전, 여론, 법규 준수
협력업체	• 단가, 물량, 수수료, 이익률, 성장성 등
금융기관	• 신용도, 상환 능력 등

이해관계자의 보편적 관심사

2단계, 이해관계자 특성을 평가하고 분류한다.

집단의 과제 추진에 영향을 주고받는 다양한 이해관계자가 식별이 된 후 평가를 실시해야 한다. 효과성이 높은 전략은 타깃별로 세분화 및 차별화되어야 한다. 평가 과정은 차별화된 대응 전략 수립을 위해 꼭 필요하다. 본 과정에서는 다양한 방법 중 쉽고 보편적인 2가지 방식을 소개하고자 한다.

첫째, 추진 과제의 성향을 기준으로 분류하는 방법이다.

과제 추진과 관련하여 이해관계자가 취하는 입장과 태도를 중심으로 다음의 3가지 성향으로 분류할 수 있다.

- 지지자: 과제 성공에 관심과 지원을 제공하는 입장
- 반대자: 과제에 대한 반대 또는 저항, 비협조의 입장
- 중립자: 과제 추진 과정에 뚜렷한 입장을 표현하지 않는 입장

이를 고려해 대응 전략을 구상한다면 다음과 같이 제언할 수 있다.

성향 분류	특징	대응 전략
지지자	프로젝트 성공에 관심과 지원을 제공하는 태도	• 적극적 지원 행동을 요구 • 수용에 대해 감사 표시 • 관계 유지를 위한 노력
반대자	프로젝트에 대한 반대 또는 저항, 비협조의 태도	• 상대방과의 공통점을 기반으로 접근 • 상대의 논점에 공감 표현, 부탁과 요청 • 주장이나 의견들의 구체적 근거 제시 • 강제성을 배제
중립자	프로젝트 추진 과정에 뚜렷한 입장을 표현하지 않는 태도	• 지지에 대한 감정적 확신 • 개인적인 경험이나 사례 활용

둘째, 추진 과제와 관련한 영향력과 관심도를 기준으로 평가한다.

먼저 이해관계자가 추진 과제의 방향에 대한 중요 의사결정 과정에 영향력을 행사할 수 있는지에 따라서 '높음/낮음'으로 구분할 수 있다. 그리고 추진 과정과 결과 전반에 대한 관심도에 따라 구분할 수 있다.

이해관계자 관리에 특별히 선택하고 집중해야 하는 대상은, 추진 과제에 대한 의사결정 영향력과 관여도 모두가 높은 영역이다. 이들에 대해서는 긴밀한 관계를 유지하기 위해 노력해야 한다.

예를 들어, 중요한 중간 진척도의 보고를 대면으로 실시하거나 의사결정이 필요한 경우 배경정보에 대한 설명과 의견을 요청하고 최대한 반영하는 것이 효과적이다. 그들을 효과적으로 '참여Involvement'시키는 것이 긍정적 지지를 이끌어내도록 돕는다.

리더 입장에서 주의해야 하는 부분이 있다면, 추진 과제의 경과에 따라

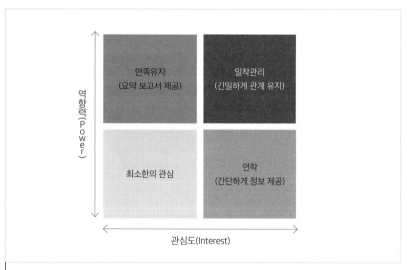

출처: Mendelow, A.L. (1981), Environmental Scanning - The Impact of the Stakeholder Concept

서 '입장'이 유동적으로 바뀔 수 있다는 점이다. 현재 영향력과 관심도가 높은 영역의 이해관계자라면, 상황에 따라서 '밀착관리' 영역으로 바뀔 수 있다. 그러므로 그들의 만족도를 유지하거나, 관계를 이어 가기 위한 소통이 필요하다.

이 단계에서 다루는 활동은 '평가'를 기반으로 한다. '평가'는 관찰된 행동이나 자료를 통해서 파악할 수 있지만, 이를 판단하는 해석의 과정이 필요하다. 그러므로 리더 단독으로 진행하기보다는 구성원들과 함께 논의를 통해 '주관성'을 극복하고 '객관성'을 확보하도록 노력해야 한다.

3단계, 이해관계자와 어떤 방법으로 소통하면 좋을지 구체화한다.

이해관계자 관리의 목적은 과제 추진 과정에서 지지를 이끌어 내어 최종 목표를 달성하는 데 있다. 그렇다면 소통의 초점이 되는 상대방은 '반대자' 또는 '적대적 입장'을 취하는 이해관계자가 될 수 있다. 그들의 입장에서 생각해보겠다. 왜 협조하지 않을까?

자신의 우선순위와 다르다, 직접적인 혜택이 없다, 손해를 볼까 두렵다, 관심이 없다, 바쁘다 등 여러 이유를 들 수 있다. 그러나 실무 현장 경험을 토대로 살펴보면 '구체적인 혜택이 없거나 소통 방식에 대한 불만'이 가장 큰 것으로 나타났다. 그럼 어떤 메시지와 전달 방식이 좋을까?

- **과제가 성공할 경우 얻게 될 구체적인 혜택을 제시한다. (메시지)**

  "이 프로젝트를 성공하면, 수익 중 일부를 공유하겠다."

  "최종 결과물을 통해서 기존의 업무 생산성을 15% 향상할 수 있다."

- **그들이 선호하는 커뮤니케이션 방식을 선택한다. (채널, 주기)**

  "매주 직접 찾아 뵙고 말씀드리겠다."

"진척 상황이나 변동 이슈는 언제든지 보시도록 파일을 공유하겠다."

주요 이해관계자별로 소통 계획을 상세하게 수립해야 한다. 작성을 위한 중요한 원칙은 '상대방 입장의 관심사'와 '선호하는 소통 방식'을 충족해야 한다. 이해관계자의 '신뢰와 예측 가능성'을 높이기 위해서 '정기적'으로 '예외 없이' 꾸준히 실시해야 한다.

구분	대상	메시지 주제	소통 채널	소통 주기
승인자	OOO 상무	일정, 품질	면대면	매주 1회, 수요일
			이메일	매주 1회, 금요일
협의자	## 팀장	예산, 인력	화상회의	매월 1회, 2주차 월요일
			이메일	매주 1회, 금요일

4단계, 소통 계획을 실행하고 수정 보완해야 한다.

모든 관리의 핵심은 '계획대로 실행하고 있는지'를 모니터링하는 것이다. 계획 수립의 과정도 복잡하지만, 구체적인 실행 여부는 '전혀 다른' 사례들이 적지 않다. 리더 입장에서는 각 이해관계자와의 소통 책임을 명확히 하고 '실시 여부'를 꾸준하게 점검해야 한다.

초기에 정착한 소통 방식이 최선이 아닐 가능성이 높다. 그러므로 한 걸음 더 나아가 '이해관계자의 반응'과 '개선 요소'가 무엇인지를 확인하고 차기에 적용하는 과정이 필요하다.

'이해관계자 관리'의 핵심은 '상대방 관점의 소통 계획 실행'으로 간단히 요약할 수 있다. 이해관계자 입장에서 '관심사와 부합되는 주제'를 정기적으로 보고받고, 필요시 적극적으로 의견을 제시할 수 있어야 한다. 양방향 소통은 이해관계자의 '지지와 참여'를 이끌어내는 데 매우 효과적이다.

5

비대면
소통 방법

코로나 팬데믹 때문에 우리 일터의 비대면 근무의 경험이 증가했다. 생산 설비와 고객 접점의 사업장이 꼭 필요한 경우가 아닌 경우, 과거와 달리 비대면 근무의 비중이 급격히 높아졌다. 어떤 전문가는 코로나 덕분에 3년 이상 소요될 디지털세상으로의 전환이 3개월 만에 완성되었다는 논평을 내놓기도 했다.

디지털세상에서는 시간과 공간의 제약을 받지 않고, 다양한 형태의 협업이 가능하다. 덕분에 일반인들도 세계 여러 나라에 있는 다양한 인종의 사람들과 24시간 실시간으로 소통이 가능해졌다. 기존의 동일한 시간과 장소에서 일하던 방식과 전혀 다른, 비대면 저맥락 소통 방법이 더욱 중요해졌다.

비대면 소통, 무엇이 다른가?

비대면 상황에서 근무한 경험이 있는 사람들을 대상으로 조사한 결과, 사무실에서 함께 근무할 때와 달리 '동료들이 자신을 옹호해주지 않고, 험담을 하거나, 반대하고, 유효한 정보를 제공하지 않는다'고 느끼는 소외감이 큰 것으로 보고되었다.

최근 코로나 팬데믹 이후 비대면 근무 전환 시 구성원 입장에서 가장 도움이 된 것은 '투명하고 양방향의 소통을 자주 실시한 것'으로 나타났다. (2020, MIT Sloan Review)

국내에서는 '코로나 블루'라는 신조어가 등장하기도 했는데, 비대면 상황에서의 가장 큰 어려움은 구성원이 느끼는 고립감과 막연한 불안감이었다.

비대면 소통은 상대방과 다른 공간에 있기 때문에, 과업 수행 과정에서 신속한 소통이 곤란했다. 전후 상황에 대한 맥락적 정보가 부족하기 때문에, 정보를 공유하기 위한 시간이 더욱 많이 필요해졌다. 그리고 자연스럽게 비공식적인 소통으로 잡담이나 농담을 주고받는 것이 힘들었다. 주로 공식적, 형식적 과업 관련 소통의 비중이 높아졌다. 무엇보다 소통의 빈도가 줄어들게 되었다.

비언어적 메시지를 효과적으로 전달하는 데 어려움이 있었기 때문에, 자칫 오해할 수 있는 상황들이 증가했다. 특히 고마움과 미안함 등의 감정을 원활하게 주고받기 어려웠다.

비대면 소통을 잘하기 위해, 서양의 저맥락 문화의 소통 방식을 전제로 접근하는 것이 효과적이다. 저맥락 상황의 소통은 나와 상대방이 공유하는 것이 적기 때문에, '내가 알고 있는 것을 상대방은 모를 수 있다'는 점을 전제로 접근해야 한다.

대면 소통	비대면 소통
고맥락 상황, 집단 중심	저맥락 상황, 개인 중심
소통 상황 중시, 관계 중심	보편적 매뉴얼, 원칙 중심
언어, 비언어 메시지 활용	말과 글의 언어메시지에 제한됨
암시적, 직관적(분위기, 눈치)	직접적, 명시적(구체적)
다양한 소통 채널 가능	제한적 채널만 가능

그러므로 '아무것도 모르는 사람'에게 무언가를 설명하는 방식으로 소통하듯 해야 한다. 최대한 구체적이고 상세한 내용을 전달하기 위해, 매뉴얼과 규정을 활용하는 것이 좋다. 상황 또는 대상과 상관없이 일관되게 적용되는 '언어 중심의 메시지'를 추구한다. 명확하고 직접적으로 메시지를 전달해야 한다.

비대면 소통 방법

비대면 소통이 낯선 상황이 분명하지만, 소통의 원리와 구조는 동일하다. 소통 구조의 하위 요소 중에서 변화 요소와 불변 요소를 구분하여 접근 전략을 달리하는 것이 효과적이다.

첫째, 변화 환경에 적합한 소통 채널과 메시지를 구성해야 한다.

비대면으로는 다섯 가지 감각 정보를 충분히 제공할 수 없다. 그래서 상대방과 '감정 소통'을 효과적으로 하기 어렵다. 커뮤니케이션 목적과 주제의 특징에 따라 **적절한 소통 채널을 선택**해야 한다. 만약 복잡한 정보를 다

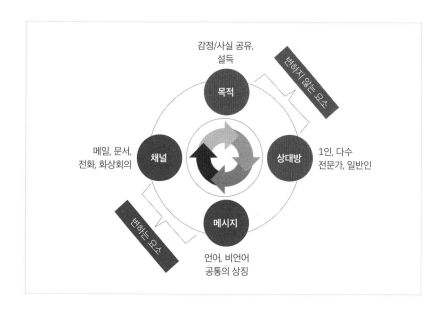

양한 사람들에게 동시에 전달해야 하는 상황이라면 이메일과 메신저, 화상회의 시스템을 선택할 수 있다. 해석에 따라서 오해 가능성이 있거나 민감한 사항이라면 '화상회의' 또는 '전화회의'를 선택해야 한다.

이와 비슷하게 상대방에게 내면의 진심을 보여주기 위한 상황이나, 상대방의 이해도와 수용도가 중요한 경우에도 '시청각 정보'를 동시에 주고받을 수 있는 채널을 선택해야 한다. 반면 정보전달 또는 회신의 긴급성이 낮다면, '이메일' 또는 '메신저'를 선택할 수 있다.

비대면 협업 상황이라면, 효과적인 협업 도구를 활용할 수 있다. 최근 다양한 협업 도구는 '화상회의'와 '메신저' 기능을 중심으로 비약적으로 진화되었다. 실시간으로 함께 문서작업을 할 수 있는 MS Teams와 Google 프로그램은 이미 익숙해졌다.

여기에 집단지성 발휘를 도울 수 있는 '비대면 워크숍'이 가능한 도구에 주목해 볼 필요가 있다. 패들렛Padlet과 잼보드Jamboard, 알로Allo는 '포스트잇'과 '스티커', '게시판' 등의 기능을 동시에 사용하도록 도와준다. 대규모 인원이 참여한 경우에도 '동시에 작업'을 진행할 수 있다. 특히 '익명성'을 전제로 다양한 사람들의 의견을 실시간으로 확인하고 '빈도분석과 그래픽'으로 구현해주는 프로그램인 '멘티미터Mentimeter'와 '슬라이도Slido'는 '심리적 안전감'을 확보하도록 도와준다.

효과적 메시지 구성을 위해 '명확성과 논리성 그리고 간결성'은 변함없이 중요하다. 그러나 상대방이 나와 같은 입장이 아니거나, 동일한 수준의 정보를 갖고 있지 않다는 전제에서 시작해야 한다. 메시지가 복잡하고 어렵다면 구체적인 사례 자료나 이미지 또는 영상을 제시함으로써 명확성을 높일 수 있다. 화상회의를 진행하는 경우, 채팅을 병행하는 것도 방법이다.

발신자는 상대방이 제대로 듣고 이해하는지 '확인'을 요청하는 것이 필

Does(이렇게 해 보세요)	Don'ts(이러시면 곤란합니다)
• 회의 아젠다를 마음 편히 말할 수 있는 독립된 공간을 확보하세요! 다른 사람을 신경 쓰지 않고 회의에 온전히 집중할 수 있는 공간을 찾으세요. • 시간을 준수하세요! 장비 체크는 시작 5분 전까지 완료하라. • 명확하고 구체적으로 말하세요! (예) 오후 2시 40분까지 보고 바랍니다. • 말의 스피드는 평소보다 조금 천천히 하세요! • 듣는 사람의 피드백을 구하라! 채팅, 또는 익명 투표 앱 활용하라. • 중요 사항의 경우 회의를 기록하고, 공유하세요! 영상 또는 메모를 남겨라.	• 상대방이 말하는 도중 방해하지 마세요! 질문은 말이 끝나고 또는 채팅으로 하라. • 과도하게 움직이지 마세요! 얼굴의 움직임이나 몸, 손 사용을 자제하라. 화면이 흔들려 산만함을 주며, 마이크에 잡음이 끼어들 수 있다. • 전문용어나 약어로 표현하지 마세요! (예) RL → Remote Leadership • 자료나 노트북 화면만 응시하지 마세요! • 카메라를 응시하며 자연스러운 눈맞춤을 하라. 대화 중 마이크를 끄거나 다른 전화통화 등을 하지 마세요!

효과적 화상회의를 위한 Does & Don'ts

요하다. 수신자는 잘 이해했음을 자주 반응을 통해서 전달해야 한다. 고개를 끄덕이거나 OK사인, 이모티콘 등을 활용하여 메시지를 전달해도 좋다. 대화를 시작할 때 목적을 알려주고, 종료할 때 핵심 결론이나 요청사항 등을 다시 한번 강조해주면 명확성을 높이는 데 효과적이다.

둘째, 변하지 않는 소통의 속성을 고려하여 효과성을 높여야 한다.

비대면 소통은 저맥락 소통 상황에 적합하지만, 기존과 달라지지 않은 부분도 있다. 소통의 목적과 상대방의 특징이다. 집단의 소통은 정보를 공유하는 것과 의사결정을 위한 '설득'이 주된 목적이다. 문화적 특징과 상관없이 집단 소통의 '목적'은 변함이 없다. 소통 목적을 명확히 해야 효과성을 확보할 수 있다. 발신자와 수신자 모두, 무엇을 위해 소통하고 있는지 명확히 해야 한다.

여기서 주목해야 하는 부분이 바로 '상대방, 인간의 보편적 특징'이다. 인간은 감정적 반응과 주관적 해석에서 자유로울 수 없는 존재라는 점이다. 사회적 관계에서 '자신의 존재를 인정'받고 싶은 인간의 욕구는, 인류 역사 이래 한 번도 바뀐 적이 없다. ICT 환경은 앞으로도 꾸준히 바뀌어 가겠지만, '존중과 인정'에 대한 욕구는 앞으로도 영원히 동일하지 않을까 싶다. 비대면 소통 상황에서 상대방에게 존중과 인정, 공감 메시지 전달하기 위한 조언을 하자면 다음과 같다.

- 공통점을 기반으로, 공감대를 발굴하라
- 경청하고 있음을 몸으로 보여주고, 말로 표현하라
- 상대방의 관심사에 대해 호기심을 표현하고 가볍게 질문하라
- 감사와 사과, 미안함의 감정을 구체적인 표현하라
- 상대방의 정확한 이름과 적합한 호칭을 사용하라

비대면 상황의 업무적 소통 방법

1) 계획 단계

과업 추진 초기 단계에 과업의 실행 담당자 모두를 초대하여 명확한 정보를 공유해야 한다. 목적과 목표, 추진 방법, 주요 일정 등에 대한 내용을 동일한 수준으로 이해할 수 있도록 설명해야 한다.

결과물을 설명할 때, 구체적인 이미지Prototypes로 제시하는 것이 효과적이다. 정확한 숫자를 사용하여 산출물의 기대 수준을 제시해야 한다. 그래야 오해나 다른 해석을 할 여지를 없앨 수 있다. 특히 납기와 약속시간을 전달할 때는 '10분 단위'로 상세하게 구분하여 제시하면, 집중도와 준수율이 높아진다.

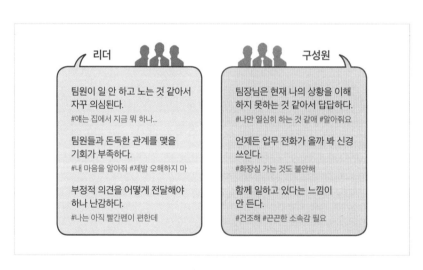

2) 진척도 점검 단계

과업의 추진 상황은 변동 가능성이 높다는 특징을 갖고 있다. 그러므로 함께 일하는 구성원들 사이에 일정과 진척 상황을 자주 소통해야 한다. 리더는 구성원들에게 최대한 프로젝트와 관련한 정보를 더 많이 자주 공유해 주어야 한다. 구성원 입장에서는 리더가 제공하는 물리적 자원보다 데이터와 맥락적 정보가 훨씬 큰 도움이 될 수 있다.

소통 빈도를 높이기 위해서는 소통의 형식을 간소화하거나 없애는 것이 필요하다. 딱딱한 형식의 보고서보다는 가벼운 대화로 소통하는 것도 방법이다. 비대면 업무 환경을 고려한 협업 프로그램을 사용하면 구성원 상호 간의 관심을 높이고 양방향 소통을 촉진할 수 있다.

3) 결과 피드백 단계

과업 추진 계획서의 특정 단계가 종료되었을 때 또는 중간 산출물을 보고할 때 리뷰하는 시간은 꼭 필요하다. 이때 경험을 학습으로 만들기 위한 소통을 진행할 수 있다. 개선과 보완이 필요한 상황이라면 부담스러울 수도 있다. 그러므로 리더는 구체적인 피드백 일정을 미리 공지해야 한다. 이것이 'Heads-Up' 커뮤니케이션이다. 상대방 입장에서 심리적 준비를 위한 존중을 표현하는 방법이기도 하다.

피드백의 주제에 따라서 개선과 행동변화를 요청할 상황이라면 최대한 대면을 추구하되 어려운 상황이라면 적어도 '화상회의 채널'을 선택해야 한다. 일방적 소통은 지양해야 한다. 피드백 이후에는 반드시 구성원의 의견을 물어봐야 한다. 해당 이슈에 대해 구성원 입장에서 소명이나 변명할 기회를 반드시 제공해야 한다. 구체적 개선 과제 또는 후속 조치가 있는 경우, 구성원에게 가능한 일정을 묻고 명확히 약속하는 과정이 필요하다.

디지털세상의 수평적 문화가 자연스럽게 구축되더라도, 리더의 적극적인 개입이 필요한 영역이 적지 않다. 중요한 시점에 리더가 소통하지 않으면, 구성원들은 불안함을 느끼며 심지어 없는 이야기를 만들어 내기도 한다. 리더는 면담과 퍼실리테이션, 그리고 스토리텔링 방법을 통해 상황별로 적합한 소통을 해야 한다. 실제 리더십 효과성은 리더의 소통 수준이 결정한다. 리더십 역량 개발의 초점도 소통 스킬이라는 점을 주목할 필요가 있다.

올바른 판단과
참여적 의사결정을 이끄는 스킬

7장

개인과 집단은 외부환경에 적응하기 위한 다양한 선택지 중에서 효과성과 효율성이 검증된 것을 '가치 있는 전략'이라고 불렀다. 덕분에 일상적, 정형적, 반복적인 의사결정 상황에서는 이미 축적된 지식과 기준, 매뉴얼 등을 참조하면 된다.

그러나 복잡하고 예외적인 상황이 증가하는 디지털환경에서는 과거의 방식으로는 해결이 어려운 경우들이 많아지고 있다. 덕분에 서로 이질적인 배경과 관점을 지닌 사람들이 힘을 합친 집단지성의 발휘가 더욱 중요해졌다.

뉴노멀 환경은 늘 새로운 판단을 요구한다. 리더의 도움을 받기 어려우며 시간마저 부족하기 때문에 구성원 스스로 판단하고 실행하는 문제해결 역량이 더욱 중요해졌다. 집단 내부에서도 전략적 방향과 내부 시스템의 변경 등 중요한 의사결정 상황의 변화로 구성원들의 저항도 급증하고 있다.

이처럼 집단지성과 권한위임 등을 효과적으로 이끌기 위해서는 리더의 역할이 중요하다. 리더는 의사결정 과정의 모호함을 줄이며 명확성을 높이고, 집단 구성원의 의견 대립과 이해 충돌을 중재해야 한다. 리더는 의사결정을 넘어서, 구체적인 실행과 성과를 이끌기 위해 보다 넓은 관점에서 접근해야 한다. 이번 장에서는 의사결정의 특징을 이해하고, 집단 속에서 효과적인 의사결정을 이끌기 위한 스킬에 대해 알아보겠다.

1

올바른
의사결정 방법

의사결정이란?

모든 조직은 올바른 의사결정을 추구한다. 이를 통해 '기회를 극대화'
하고 '위험을 회피'함으로써, 집단의 목표 달성을 추구한다. 이런 관점에
서 경영을 의사결정 과정으로 볼 수 있다. 다양한 전문가들이 의사결정을
정의하고 있지만, 사이먼H. Simon은 목표 달성을 위해 합리적 대안을 선택

하고 실행하는 과정으로 설명한다. 결국 의사결정이란 문제해결을 위한 대안 선택의 과정으로 볼 수 있다. 현대 경영학의 대가인 피터 드러커Peter Drucker는 문제해결과 의사결정을 동일한 개념으로 설명한다.

사이먼이 제시한 의사결정의 4단계를 살펴보면, 문제해결 과정과의 차이는 마지막 단계인 '실행' 하나다. 학자들의 논의를 떠나 리더 입장에서 생각해본다면, 의사결정의 궁극적 목적은 '실행'이 분명하다. 그러므로 '**의사결정**'은 문제해결 방안을 도출하는 것을 넘어 실행력을 높일 수 있는 방법까지 고려하는 것이 바람직하다.

의사결정 모델을 통해 이해하는 올바른 의사결정

바람직한 의사결정이 무엇인지에 대한 다양한 연구를 통해서, 의사결정 모델이 제시되었다. 이를 간략하게 요약해보면, 의사결정의 바람직한 지향점과 현실적 타협점으로 구분할 수 있다. 정답을 찾기 위해 최선의 노력을 다해야 하지만 실제로는 중요한 이해관계자의 만족 수준에서 결정된다는 점을 잘 보여준다.

의사결정에 대한 학문적 연구는 '의사결정'의 특징을 이해하는 데 도움이 된다. 현실에 적용하는 리더 입장이라면, '합리모형을 지향'하면서 현실적 타협점인 '만족모형을 추구'하는 것이 타당하다고 생각된다.

집단의 목표 달성을 위한 구체적인 실행과 성과가 중요하다는 관점에서 살펴보면, 논리적 분석과 합리적 프로세스를 통해서 객관성을 확보하되, 중요한 이해관계자들이 만족할 수 있는 합의를 이끌어 내는 것이 '올바른 의사결정'이 아닐까 싶다.

구분	합리모형	만족모형	점증모형
개념	• 이상적, 규범적 접근 • 인간의 합리성 전제	• 현실적, 실증적 접근 • 제한된 합리성 전제	• 기존의 대안을 점진적, 부분적, 순차적 수정 보완(현실 긍정)
의사 결정 방법	• 의사결정에 필요한 지식과 정보를 총동원 • 합리적 대안의 탐색과 선택을 추구함 • 모든 요소의 종합적 검토	• 인간의 한계를 인정하고, 어느 정도 만족스러운 대안이 나오면 그 수준에서 결정함	• 연속적 제한적 비교 • 세부적 점증주의 전략에 의함
특징	• 목표에 가장 부합되는 결과를 이끌 수 있는 대안을 선택함	• 현실적 타협안 선정에 유용한 모델임	• 정치적, 사회적 구조 등이 안정된 상황에서는 유효한 모델임
한계	• 인간의 능력, 정보 부족, 시간 및 비용의 제약 • 현실 가능성이 낮음	• 적당한 수준의 대안을 선택함으로써 최적안을 간과할 우려 존재 • 객관적 만족 측정 곤란 • 중요한 의사결정 시 한계	• 보수주의적 관점 기반, 새로운 혁신이 필요한 상황에는 적용 곤란

더욱이 최근 변화 환경에 적합한 '애자일 문화'를 고려해 보면, 100% 완벽한 의사결정을 기대하기 어렵다. 고객과 시장은 기다려주지 않는다. 그러므로 핵심적 요건을 충족했다면 '결정하고 실행 과정을 통해서 빠르게 수정 보완'하는 것이 적합한 전략이 될 수 있다.

다만 의사결정과 관련한 이해관계자의 범주를 '승인자와 합의자, 협의자'로 좁게 제한하지 말고 확대해야 한다. 예를 들어, 실행자, 사용자, 최종 고객, 정부, 여론, NGO 등을 꼽을 수 있다. 리더는 의사결정에서 폭넓은 이해관계자의 만족을 이끄는 부분이 어디인지 파악해 봐야 한다. 이해관계자의 기대를 파악하고, 만족과 실행력을 높이기 위해서는 '참여적 의사결정 방법'이 매우 효과적이다.

의사결정의 유형

의사결정을 다양한 기준으로 구분할 수 있지만, 전략 경영의 아버지로 칭송받는 앤소프H. Igor Ansoff 교수는 수준과 범위에 따라 3가지로 구분했다.

첫째, 전략적 의사결정이다.

조직의 외부환경 변화에 빠르게 적응하기 위한 의사결정을 말한다. 현재가 아닌 미래의 방향에 대한 의사결정으로, 조직의 성격을 바꿀 수도 있다. 그러므로 의사결정에 따른 범위가 광범위하다. 주로 최고경영진이나 의사결정자에 의해서 일어난다. 예를 들어 신제품 개발, 업종 전환, 전략 변경, 사업 다각화 등이 있다.

둘째, 관리적 의사결정이다.

상위 수준의 전략적 의사결정을 보다 구체화하기 위한 의사결정으로, 조직 내부의 자원을 최적화하기 위한 의사결정을 말한다. 각 기능과 부서별로 실행하는 수준으로 볼 수 있다. 주로 중간경영층이나 팀장들에 의해 이루어진다. 예를 들어 업무 프로세스 변경, 설비 변경, 원재료 구입처 선정, 인력 운영 기준 등이 있다.

셋째, 운영적(업무적) 의사결정이다.

관리적 의사결정을 구체화하고 효율성을 높이기 위한 의사결정이다. 각 직무의 실무 담당자 또는 현장관리자에 의해서 이루어지는 일상적인 정형적 의사결정이다. 예를 들어 작업 계획 수립, 일정 관리, 자원 활용 등이 있다.

의사결정 상황에 따른 유형을 분류하자면, '확실성' 아래 내리는 의사결정과 '예상되는 위험Risk'을 포함한 의사결정, 그리고 리스크조차 예측하기 어려운 '불확실성' 아래 내리는 의사결정이 있다.

디지털시대에는 복잡하고, 예외적이고, 비정형적인 의사결정 상황이 증가되고 있다. 이는 기준과 매뉴얼에 따른 운영적 의사결정 사안은 현저하게 줄어들고, 분석과 판단을 요구하는 의사결정이 증가함을 의미한다.

민첩한 의사결정 프로세스 3S

급변하는 환경에서 의사결정은 속도가 매우 중요하다. 경쟁자보다 빠르게 움직여야 생존과 승리를 할 수 있다. 그러나 속도만으로는 부족하다. 분석단계의 철저함과 결정단계의 참여를 통해서 '정확성과 실행력'도 확보

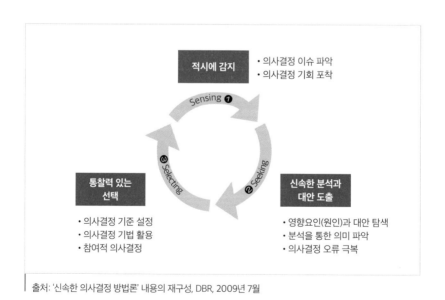

출처: '신속한 의사결정 방법론' 내용의 재구성, DBR, 2009년 7월

해야 한다. 그러므로 의사결정 프로세스 각 단계를 기존보다 단순화하고 빠르게 진행할 수 있도록 주의를 기울여야 한다.

1단계 Sensing, 적시에 핵심을 감지한다!

의사결정은 해당 이슈를 '제때Rightly'에 감지하는 것이 중요하다. 가장 먼저 일반적인 이슈인지 아니면 예외적인 이슈인지를 판단해야 한다. 그리고 일회성에 그칠 것인지, 앞으로 더욱 자주 발생하게 될지에 대한 판단을 해야 한다. 예외적 이슈로 처리할 사안이 아니라면, 이를 해결하고 향후에도 관리할 수 있는 규칙이나 프로세스를 정립해야 한다.

리더는 해당 의사결정의 성공을 판단하는 이해관계자의 관심사를 정확히 파악해야, 핵심성공요소Critical Success Factor를 도출할 수 있다. 표면상으로 요구하는 것을 넘어 진짜 원하는 것에 초점을 두어야 성공과 만족을 이끌어 낼 수 있다.

초기단계에서 의사결정의 목표와 해결을 위한 접근 전략을 빠르고 정확

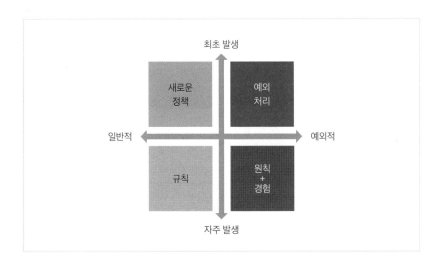

하게 수립하는 것이 중요하다. 이를 위해 평소 관련 분야의 정보를 꾸준히 수집하고, 직관력을 강화하는 노력을 해야 한다.

2단계 Seeking, 신속한 분석과 대안을 도출한다.

의사결정 아젠다와 관련 있는 다양한 데이터를 수집해야 한다. 수집된 데이터는 검증을 거쳐야 한다. 신뢰할 수 있는 곳으로부터 얻은 최신의 완전한 것이어야 한다. 검증한 데이터는 증감과 추이 그리고 상관관계와 패턴 등의 분석을 통해 유용한 정보Information가 된다.

리더는 데이터 수집과 해석 과정에 발생 가능성 높은 편향성Bias을 점검해야 한다. 한국 기업의 경영자를 대상으로 조사한 결과, 분석적 성향을 가진 사람일수록 의사결정 과정에서 심리적 오류에 빠질 가능성이 높은 것으로 나타났다.

구분	확증편향 (Confirmation Bias, 선택인지 오류)	가용성편향 (Availability Bias, 쉬운 기억 확대 해석 오류)	프레이밍 편향 (Framing Effect)	닻 내림 오류 (Anchoring Effect)
설명	자신의 믿음을 확신하며, 보고 싶은 정보만 수집하는 오류	자신의 기억과 일치하는 것의 빈도와 확률을 과도하게 높이 평가하는 오류	특정한 틀, 관점 속에서만 해석하려는 오류	자신의 초기 기준에 집착하는 오류
사례	주식시장 상승에 대한 믿음과 일치하는 뉴스만 수집하고, 반대 또는 다른 뉴스는 수집하지 않음	시장조사 과정에서 가장 친한 거래처의 정보만 수집하여, 전체 의견으로 확대 해석함	임금 인상을 조직 전체의 비용이라는 관점에서만 접근하고, 구성원의 관점은 배제함	채용 면접에서 초기 긍정적 인상을 주었던 후보자에게 다른 영역에서도 후하게 평가함
극복을 위한 점검 사항	자신의 지식에 대한 확신 정도가 타당한가?	전체를 설명할 수 있는 충분한 조사를 거쳤는가?	다양한 틀을 갖고 문제/대안을 보았는가?	기존의 대안을 다른 대안과 동일한 선상에 놓고 비교했는가?

이를 극복하기 위해 가장 좋은 방법은, '의사결정 프로세스에 관점이 다른 사람을 참여'시키는 것이다. 더불어 의사결정 전에 체크포인트를 점검해 볼 필요가 있다.

3단계 Selecting, 통찰력 있는 선택을 한다.

대안을 선택하기 위해서는 기준을 명확히 해야 한다. 경영학에서는 궁극적인 목표 달성에 기여하는 '효과성'과 실행 과정의 투입 대비 결과를 고려하는 '효율성' 2가지 요건을 모두 충족한 것을 선택한다. 이를 조금 더 세분화하면 3가지 기준으로 나눌 수 있다.

- Purpose: 목표 달성에 기여도가 높은가? - 전략 연계성, 시너지 창출
- Process: 실행 가능성이 높은가? - 실행 용이성, 소요 시간
- Profit: 투입 대비 효과가 높은가? - 재무적 성과, 고객만족도, 효율성

의사결정을 위해 가장 쉽고 보편적인 기법으로는 준거평정법과 Pay-Off

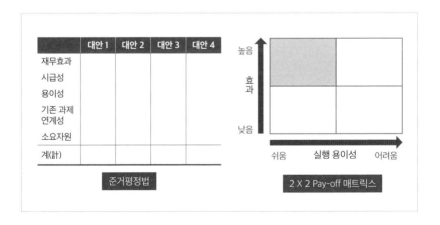

229

매트릭스를 들 수 있다. 준거평정법은, 선택 기준이 다양할 경우 복수의 대안별로 평정을 통해서 최종 선택을 하는 방법이다. 각 기준의 중요도를 고려해 비중을 반영한 종합점수를 기준으로 우선순위를 정할 수 있다.

Pay-off 매트릭스는 핵심적인 2가지 기준을 중심으로, 포지셔닝 맵을 활용하여 보다 직관적인 비교를 통해서 선택하는 방법이다.

무엇보다 의사결정에서 '문제해결에 대한 대안 선택'이 최종이 아니라, 구체적인 실행과 성과 창출이 목적이다. 의사결정 과정에 구성원의 참여 기회를 제공하는 것은 실행력을 높이는 데 매우 효과적이다.

2

실행력을 높이기 위한
참여적 의사결정

리더십과 권한 위임

빌 게이츠는 "다음 세기를 내다보면, 다른 이들에게 권한을 위임하는 사람들이 리더가 될 것이다."라는 말을 했다. 이처럼 리더에게 꼭 필요한 스킬 중 하나가 '권한 위임'이다. 아무리 역량이 뛰어난 리더라도 모든 일을 홀로 처리할 수는 없다. 그러므로 목표 달성을 위해서는 '타인의 힘'을 활용할 수 있어야 한다. 권한 위임을 잘 이해하기 위해서는 '위임'의 개념과 비교해 보면 도움이 된다.

구분	위임 Delegation	권한 위임 Empowerment
특징	제한적 업무 중심 (Risk 고려) Task 중심	다양한 업무 영역 (권한 부여) Duty 또는 Key Task 중심
	리더의 관리 행동: 지시/점검	리더의 관계적 행동: 코칭/지지
구성원 역할	수동적, 지시사항 수행자 제한적 결정권	능동적, 책임 완수자 독립적 결정권

위임은 리더의 바쁜 상황 때문에 구체적인 과업의 실행을 요청 또는 지시하는 것이다. 이보다 포괄적인 것이 '권한 위임'이다. 해당 과업을 수행하는 목적인 '임무'를 '재량권'과 함께 맡기는 것이다. 예를 들어, 다음과 같이 이해할 수 있다.

위임: "이번 월간 미팅에서 박 책임님이 저를 대신해서 프로젝트 추진 경과를 보고해주세요."

권한 위임: "앞으로 월간 미팅 운영 전반을 박 책임님이 담당해주세요."

이를 요약해보면, 권한 위임은 위임에 비해 범위가 훨씬 넓다. 가능하다면 위임이 아니라 권한 위임을 해야 한다.

권한 위임은 현장 위주의 빠른 의사결정을 지원한다. 덕분에 리더는 보다 가치가 높은 일에 자원을 할애할 수 있다. 권한 위임은 구성원의 역량개발에 효과적인 방법이다.

그럼에도 많은 리더들이 권한 위임을 쉽게 하지 못한다. 구성원의 역량에 대한 확신이 부족하기 때문이다. 상황에 따라 실패나 실수할 가능성이 높기 때문이다. 결국 제한된 시간 안에 과업을 완수해야 하는 부담 때문에 맡기지 못하게 된다. 리더의 책임을 구성원에게 전가하는 오해를 받을 수 있다는 망설임 때문에 선뜻 나서지 못하는 경우도 있다.

그렇다면 권한 위임을 하려면 어떤 것들을 고려해야 할까?

첫째, 권한 위임 대상 업무의 중요도, 난이도, 위험도를 검토해야 한다.

중요도와 난도 모두 높은 경우는 반드시 리더가 직접 해야 한다. 반대로 중요도와 난도 모두 낮은 경우는 버려야 하는 불필요한 일이다. 구성원에게는 중요하지만 난도가 낮은 경우, 육성 차원에서 권한 위임을 할 수 있다. 다만 잠재 위험을 고려해야 한다. 난도는 높지만 중요도가 낮은 경우, 반드시 권한 위임을 해야 한다.

둘째, 해당 임무를 수행할 구성원의 역량과 자신감을 확인해야 한다.

리더의 도움 없이도 구성원 스스로 대부분의 이슈를 처리할 수 있는 지식과 스킬을 보유했는지 파악해야 한다. 또한 리더의 감독 없이도 스스로 완수할 수 있는 자신감도 있어야 한다.

셋째, 리스크를 파악하고 관리해야 한다.

리스크의 발생 가능성과 파급 범위가 큰 경우에 한해 관리 계획을 수립한다. 구성원의 육성 차원이라면 반드시 관심을 갖고 일정기간 동안은 해당 구성원과 함께 책임짐으로써, 독립적 수행이 가능하도록 리스크를 관리해야 한다.

권한 위임은 구성원의 성장을 돕는 매우 효과적인 방법이다. 그러나 처음부터 완벽하게 독립적으로 수행할 수 없다는 점을 전제로 접근해야 한다. 큰 그림을 이해하도록 돕고, 구분된 절차의 상세한 방법을 구체적인 시범을 통해서 전달해야 한다. 관련 권한과 자원도 주었다면, 개입하지 않고 지원해주어야 한다. 이를 6단계로 설명하겠다.

- 1단계: 위임하는 업무에 대한 최종 목표, 기대치, 프로세스 등을 상세하게 소개한다.
- 2단계: 업무의 추진 방법, 최종 결과물 모습 등에 대해 명확하게 보여준다.
- 3단계: 수행해야 하는 업무를 제대로 이해했는지 확인한다.
- 4단계: 업무 수행에 필요한 권한, 정보, 자원 등을 할당한다.

- 5단계: 업무가 시작되면 완료할 때까지 개입하지 않는다. 믿고 기다려준다.
- 6단계: 도움이 필요한 사항이 있는지 모니터링하고 지원한다.

참여적 의사결정이 필요한 상황

리더는 집단의 목표 달성과 생존에 관련된 '문제해결'과 다가올 위험을 회피하고 기회를 포착하기 위한 '방향성 수립'에 대한 중요한 의사결정을 책임진다. 예를 들어, 새로운 전략의 수립과 변경, 조직의 신설과 개편, 제도의 수립과 변경, 협업 파트너 선정 및 변경 등과 같은 상황이다. 이들의 공통점은 '모두 변화가 필요한 상황'이다.

집단의 중요한 의사결정은 새로운 변화를 만든다. 그리고 새로운 변화는 필연적으로 '이해관계자의 저항'을 수반한다. 저항의 원인은 모호함과 자신감의 상실 등이 있지만, 핵심은 기득권의 상실과 권력게임을 유발하는 '이해 충돌'과 관련이 깊다. 그러므로 리더는 의사결정과 관련된 이해관계자의 저항을 효과적으로 관리해야 한다. 이를 높이는 방법이 바로 '참여적 의사결정'이다.

참여적 의사결정은 집단의 의사결정 과정에 구성원들이 다양한 방식으로 참여를 통해 결정하는 것을 의미한다. 구체적으로 살펴보면, 구성원이 의사결정과 관련한 개인의 의견을 제시하거나, 함께 공동 의사결정을 하는 방법을 말한다. 사회적 관점으로 확대해보면, 정책 결정 과정에 토론과 투표 등을 통해서 시민들이 영향력을 행사할 수 있다.

예를 들어, 국가 예산 집행과 관련한 의사결정 상황에서 대부분의 사람들은 자신이 사는 지역에 스포츠센터 유치를 희망하지만 쓰레기소각장은 반대하게 된다. 이 과정에서 국가와 공공기관이 독단으로 결정하게 되면 강력한 저항을 맞이하게 된다. 그래서 공청회와 간담회 또는 협의회를 통해 지역주민의 참여를 유도한다.

정치학자 데이비드 이스턴은 '정치를 집단의 희소한 가치의 권위적 배분 과정'으로 정의한 바 있다. 이런 관점에서 '참여적 의사결정'은 '참여적 민주주의 제도'와 궤를 같이한다. 소수에게는 이익과 손해가 될 수 있겠지만, 집단 전체를 위해 어쩔 수 없는 선택을 해야 하는 과정으로 볼 수 있다.

리더는 양질의 의사결정을 위해 다양한 이해관계자들이 참여하는 절차를 공식화하고, 공감과 합의를 통해 서로 만족하는 타협점을 찾아가도록 이끌어야 한다.

[참고 사례]

도심의 높은 임대료 부담과 자금 흐름의 어려움 때문에, 외곽지역으로 '회사 사옥을 이전'하는 결정을 앞둔 상황이다. 오래전 현재 근무지 근처로 주거지를 이동한 구성원들의 경우, 출퇴근에 소비하는 시간과 비용 그리고 피로도 때문에 불편한 마음을 갖고 있다. 최근 입사하여 이사한 경우라면 지출한 비용에 대한 손실이 적지 않다. 만약 경영진이 독단적으로 결정하고 이를 수용할 것을 요구한다면, 구성원들의 반발과 이탈은 적지 않을 것이 예상된다.

경영진은 현재 회사의 상황과 다른 선택지가 없음에 대해서, 설명회를 개최하여 구성원들의 공감을 얻는 과정을 마련했다. 구성원과의 간담회를 통해 재무적 어려움을 인식하도록 도왔다. 이 과정에서 사옥 이전에 대한 구성원의 기대와 우려사항에 대해 충분히 의견을 개진할 수 있는 시간도 할애했다.

이후 회사는 해결안 마련을 위해 '공동대응 위원회'를 발족해서 논의하고, 사옥 이전으로 발생한 손실에 대한 보전 계획과 출퇴근에 소요되는 교통비를 보조해주는 추가적인 복리후생 방안을 함께 수립했다. 결과적으로 예상 밖의 비용과 시간은 들었지만, 구성원들의 신뢰도 확보하고 사옥 이전도 순조롭게 마무리할 수 있었다.

참여적 의사결정을 선택할 경우, 리더의 지식이나 정보 부족을 구성원들의 참여를 통해서 채울 수 있기 때문에 양질의 의사결정을 할 수 있다. 의사결정 과정에 구성원이 참여함으로써, 선택 결과에 대한 구성원의 수용도와 만족도가 높아진다. 궁극적으로 해당 과업의 실행력과 달성 수준이 향상된다.

단점도 있는데, 의사결정 시간이 너무 오래 걸린다. 구성원의 참여가 중요하지만, 시간이 부족하다면 골든타임을 놓칠 수도 있다.

의사결정 과정에 참여하는 구성원들은 자신의 입장과 의견을 충분히 개진했기 때문에 받아들여질 것이라는 기대치가 높아지는 것을 경계해야 한다. 불만족 가능성이 높아질 수 있다. 구성원들의 다양한 이해관계가 반영되기 때문에, 바람직하지 않은 대안을 선택할 가능성도 높아진다. 만장일치에 대한 환상이나 동조현상이 심화될 수도 있다. 실질적 참여가 아닌 다수결 또는 투표를 할 경우, 책임감이 분산되는 '방관자 효과'를 유발할 수도 있다. 모든 사안을 참여적 의사결정을 통해 선택하면 리더의 권위가 상실될 가능성도 높아진다.

참여적 의사결정의 수준

브룸과 이튼Vroom & Yetton은 구성원을 참여시키는 정도를 5가지로 분류하였다. 리더의 결정 과정에 구성원이 단순한 정보를 제공하는 경우에서 주관적인 의견을 청취하는 것, 그리고 집단 전체가 함께 논의하는 과정을 통해서 함께 의사결정을 하는 수준까지 제시하였다.

의사결정 스타일	세부 내용
집단적(Group) 의사결정 (공동결정)	• 구성원 전체가 모여 정보를 공유하고 의견을 교환하는 과정을 통해 공동으로 의사결정을 함 *"이번 지방 출장 건은 여러분들끼리 상의해서 결정해주세요. 여기서 정하면, 무조건 승인하겠습니다."*
자문적 (Consultative) 의사결정 (의견교환)	• 구성원 전체가 모여 의견을 교환하는 논의는 진행하되, 리더가 결정함 *"모두 모였지요? 이번에 긴급 지방출장 건이 생겼습니다. 누가 가면 좋을지 의견을 듣고 싶습니다. 힘든 출장이니 솔직한 의견 이야기해주세요."*
	• 구성원과 개별적으로 의견을 교환하는 논의는 진행하되, 리더가 결정함 *"김 선임님, 이번에 긴급 출장 건이 생겼는데 의견을 듣고 싶어서 보자고 했습니다. 김 선임은 누가 다녀오는 것이 좋다고 생각하나요? 어떻게 하면 좋을까요?"*
권위적 (Autocratic) 의사결정 (단독)	• 개별 구성원에게 정보를 물어보고, 리더가 결정함 *"김 선임님, 지난번 지방출장 누가 다녀왔지요?"* *"박 책임님이 다녀왔습니다."* *"이 선임님, 이번에 출장 좀 다녀오세요."*
	• 주요 결정을 리더가 하고 구성원은 지시에 따라 업무를 처리함 *"이번 출장은 김 선임이 다녀오세요. 거래처 각 담당자들을 직접 방문하시고, 애로사항은 녹취하고 요약한 보고서를 다음 주 월요일 주간회의 때까지 보고해주세요."*

참여적 의사결정의 변수

모든 의사결정에 '참여적 의사결정 방법'을 적용할 수 없다. 그리고 의사결정 상황에 따라서 구성원의 참여 수준을 달리해야 한다. 상황 대응 리더십에서 논의했던 접근 방식과 동일하다. 핵심은 의사결정 대상인 이슈의 특징과 구성원의 역량과 의욕, 그리고 리더와의 관계 등을 세밀하게 체크해야 한다.

특징	체크 포인트
① 의사결정의 질	결정의 결과가 매우 중요한 것인가?
② 구성원의 참여	구성원의 참여와 헌신이 매우 중요한가?
③ 리더의 정보	리더는 충분한 정보와 기술이 있는가?
④ 문제의 질	결정할 문제가 정형화되고 확실하게 정의되었는가?
⑤ 구성원의 순종	리더가 혼자 결정해도 구성원은 순순히 따를 것인가?
⑥ 조직목표와 일치	이 문제와 관련하여 구성원들이 조직의 목표를 잘 알고 있는가?
⑦ 구성원들의 갈등	의견 대립의 가능성이 많은가?
⑧ 구성원의 정보	구성원들도 좋은 결정을 내릴 수 있을 정도의 정보가 충분한가?

3 집단지성을 촉진하는
의사결정 방법

왜 집단지성인가?

집단사고Group Thinking는 결속력이 높은 소규모 집단에서, 구성원 간의
갈등을 최소화하기 위해 의견일치를 유도하여 비판적인 생각을 하지 않는
현상을 설명하는 개념이다. 집단 차원에서 어떤 대안을 고민할 때, 반대 의
견 없이 만장일치로 일 처리가 이뤄진다면, 집단 사고를 의심해 봐야 한다
(Stephen P. Robinson).

이런 경우 개성과 전문성을 충분히 보유한 구성원들조차 지나친 결속
력을 강조한 나머지 '다른 의견'을 제시하지 않게 된다. 집단사고가 형성되
면, 팀의 리더나 다수의 생각을 비판 없이 받아들이게 된다. 결속력이 너무
강한 경우, 다른 의견을 내는 구성원에 대해 '의리를 저버렸다'는 이유로 집
단 따돌림을 하기도 한다.

집단지성Collective Intelligence은 표현은 유사하지만, 집단사고와 전혀 다른
개념이다. 집단의 다수 구성원들이 협력과 경쟁을 함으로써 얻어지는 높

은 수준의 지적능력을 의미한다. 이는 1910년 하버드대 곤충학자인 윌리엄 모턴 휠러William Morton Wheeler 교수가 개미의 사회적 행동을 관찰하면서 처음 제시했던 개념이다.

집단지성을 발휘하도록 이끄는 방법

집단지성은 일상적인 의사소통과 문제해결 장면에서 발휘될 수 있다. 예를 들어, 프로젝트 추진에 필요한 원인 분석과 대안 도출 과정에서 '회의와 워크숍'을 통해서 이끌어 낼 수 있다. 구체적으로 어떤 요소에 주안점을 두어야 할지 알아보겠다.

첫째, 다양한 사람들로 구성되어야 한다.

일반적으로 성별, 연령, 가치관, 전문성 등이 다른 사람들로 구성되는 것이 좋다. 다시 말해, 이질異質적인 배경을 지닌 사람들로 '서로 공유하는 부분이 적은 집단'이 효과적이다. 집단이 논의하는 주제를 고려해서, 경험과 전문성 측면에 충분히 기여할 수 있어야 한다. 학습의 목적이라면 나쁘지 않지만, 막연히 참석하면 도움이 될 것이라는 관점은 지양해야 한다. 본래 다양성Diversity은 역동성Dynamic을 지닌다. 반면 이런 차이점Difference은 잠재적 갈등을 해결하는 스킬과 소통의 비용이 요구된다.

둘째, 필요한 정보와 자원을 충분히 제공해야 한다.

논의하는 배경을 종합적으로 이해하는 데 필요한 최신의 유효한 정보를 제공해야 한다. '공통의 이해 수준'을 기반으로 논의가 전개될 수 있도록 환경을 조성해야 한다. 특히 회의 목적과 목표에 대한 정보는 기본 중의 기본이다. 정보가 부족한 경우, 소수 오피니언 리더들의 입장에 쉽게 동조될 수 있다. 이를 경계해야 한다. 예를 들어, 주제와 관련한 목표와 방향, 제한점과 영향 요인 등에 대한 자료를 제공하거나 설명해주어야 한다. 이를 통해 각자 사안을 인식하고 판단할 수 있다.

셋째, 참여하는 사람들의 의견 하나하나를 동등하게 존중해야 한다.

과거 위계적, 수직적 문화 속에서 진행했던 회의를 떠올려 보라. 대부분 영향력 있는 사람들이 주도했다. 예를 들어 공식적 의사결정 권한을 갖고 있거나, 충분한 경험이나 탁월한 전문성을 보유하거나, 직급과 연령이 높은 사람들의 입장이나 의견에 힘이 실리곤 했다. 이를 극복하기 위해서는 찬반토론이나 다수결 방식을 통해 집단 의사결정을 유도하는 것도 하나의 방법이 될 수 있다. 영향력이 높은 사람들은 '의견을 가장 나중에 제시'하는 것이 좋다.

넷째, 최종 결론을 나의 입장으로 받아들여야 한다.

'Disagree But Commit'라는 규칙을 알고 있는가? 상대방 의견에 반대했지만, 집단의 결정을 나의 것으로 받아들이고 수용하는 것을 '기업의 문화'로 강조하는 문장이다. 과거 인텔의 회의 원칙으로 활용하던 것을 아마존의 CEO 제프 베조스가 채택해서 그들의 문화로 안착시켰다. 과거 우리의 문화를 떠올려보면 이와 반대되는 경우가 많았다. 중요한 의사결정을 위한 회의 또는 토론석상에서는 침묵하고, 소수가 모인 휴게실에서 '불만과 반대의견'을 표현하는 경우가 적지 않았다. 더러는 자신의 입장과 반대되는 결론이 집단 의사결정으로 확정된 경우, 실행 과정에서 '나는 그거 반대야'라고 참여도를 낮추는 경우가 있었다.

다섯째, 자유토론이 이루어져야 한다.

회의 참가자들이 각자의 의견을 자유롭게 개진할 수 있도록 기회가 주어져야 한다. 자신의 입장과 생각을 편안하게 공유할 기회를 가진 사람들은 '의사결정 결과'에 대한 수용도가 높다. 이때 '실행률'도 높다는 연구 결과를 쉽게 찾을 수 있다. 소수가 발언을 독점하지 않도록 개입해야 한다. 그리고 침묵하는 참가자가 없도록, '모두가 발언의 책무를 나누어진다'는 그라운드 룰을 미리 만드는 것도 좋다. 무엇보다 대립된 의견은 환영하지만, 상대방 의견을 존중하는 태도를 유지하도록 이끌어야 한다. 자칫 갈등으로 번지는 경우, 소모적인 감정 싸움을 넘어서기 어렵다.

심리적 안전감을 높이는 방법

회의 중 이런 발언을 들어 본 경험이 얼마나 자주 있는가?

"저는 모르겠는데요…"
"제가 틀렸을 수도 있어 보이는데요…"
"저는 생각이 다른데요…"
"제가 실수했습니다…"
"개인적으로 우려되는 부분이 있는데요…"

구성원들의 모습 속에서 이런 행동을 쉽게 관찰하기 어려웠다면, 분명 '심리적으로 안전하지 않다'고 느낄 가능성이 높다. 다른 생각, 반대의견이나 속마음을 전달하지 않는다면? 불안함을 느끼고 있다는 점을 보여주는 셈이다.

"좋은 의견이다. 그러니 다음 주까지 김 대리님이 구체화해서 보고해주세요!"라는 답변이 예상된다고 생각해보자. '의견을 제시한다'와 '담당하겠다'는 말이 동일하게 받아들여진다고 생각하면? 사람들은 '발언에 대한 책임과 부담감' 때문에 적극적인 참여를 하지 않을 가능성이 높다.

"아니 왜 꼭 그렇게 부정적으로만 생각합니까?"라고 핀잔을 얻을 가능성이 높다면 어떨까? 팀이 집단사고에 빠져 객관화하지 못한다는 판단에서 어렵게 용기를 내어 꺼낸 이야기에 불편하게 반응하는 경우가 종종 있다. 사람들은 군이 '관계를 불편하게 만들 필요가 없다'고 생각한다. 그리 대단한 이야기도 아니니, 대충 넘어갔으면 좋겠다고 생각할 수도 있다.

토론 중 심리적 안전감을 높이기 위해 리더가 무엇을 해야 할지 몇 가지 소개하겠다.

첫째, 회의 그라운드 룰에서 '의견 제안자'와 '실행 담당자'는 다를 수 있음을 미리 명확히 한다.

'가장 좋은 방안을 발굴하고, 최적의 실행이 가능한 사람이 담당한다'와 같은 약속을 해도 좋다. 이때 중요한 것은 '약속한 원칙'이 훼손되지 않도록 '반드시 준수'해야 하고, 이를 확인해 주어야 한다. 적어도 2번 이상 꾸준히 반복이 되어야, 신뢰지수를 높일 수 있다. 이후 자연스러운 '집단 회의 문화'가 될 수 있다.

둘째, 악마의 옹호자 Devil's Advocate **방식을 도입하는 것이다.**

회의에 참석한 사람들 중에 '반대편에 서서 검증 요청이나 반론 제기'를 담당하는 역할을 부여한다. 구성원들이 모두 그 역할을 부담스러워하면 '외부인을 초청해서 악마의 옹호자 역할을 요청'하는 것도 대안이 될 수 있다. 실제 인텔의 CEO 앤디 그로브Andy Grove는 외부인에게 맡겼다. 이를 통해 회의의 질적 수준은 매우 높아졌다. 모호한 주제에 대한 학습과 더 나은 대안을 선택하기 위해서는, '양 끝단의 주장'을 모두 들어보는 것이 종합적으로 도움이 된다. 각 주장의 근거를 살펴보면, 실체적 진실에 대한 이해도가 높아진다. 변증법적 접근이 바로 이런 방식이다.

셋째, 의견을 제시할 때 '잠재적 위험 또는 단점'을 포함하도록 하는 것이다.

이는 충분히 생각하고 예상되는 반대의견에 대한 반박까지 미리 고려하도록 하는 것이다. 세계 최고의 애니메이션 영화제작 업체인 픽사Pixar에는 '좋은 점 다섯 가지와 문제점 다섯 가지'를 의무적으로 이야기하는 회의문화가 있다. 그들이 수많은 명작을 배출한 이유를 잘 설명한다.

넷째, 구성원들이 충분히 성숙 또는 신뢰하지 못하는 단계라면 '익명성'을 보장하는 방식의 의견개진도 좋다.

예를 들어, 포스트잇을 활용하거나 모바일을 활용한 익명채팅방 등을 고려해 볼 수 있다.

4

워크숍
설계 방법

왜 워크숍인가?

회의는 집단지성을 발휘하기 좋은 상황이다. 필자는 다양한 회의 중 '과제 해결을 위한 미션회의'에 보다 특화된 워크숍이 꼭 필요하다고 생각한다. 현업에서 '워크숍과 팀 빌딩'을 혼용하여 이해하는 경우들이 적지 않다. 왜냐하면, 워크숍 행사 중에 팀 빌딩을 목적으로 다양한 활동이 진행되는 사례가 많았기 때문이다. 이런 형태에 익숙해지면서, 순수한 팀 빌딩 목적의 활동을 '워크숍'으로 부르는 경우들이 늘었다.

워크숍은 '해결이 필요한 문제'나 '의사결정을 해야 하는 주제'가 명확한 상황에서, 참여자들의 자유토론으로 결론을 도출하는 회의라고 볼 수 있다. 기존의 일상적 반복적 회의와 다른 2가지 특징은 다음과 같다.

첫째, 참여적 양방향 소통 방식으로 이루어져야 한다. 일방적 정보 공유를 위한 방식은 워크숍이 아니다. 둘째, 산출물을 도출해야 한다. 친밀감을 형성하거나 생각을 교환하는 수준으로는 부족하다. 정해진 시간에 의도했던 결과를 도출해야 한다.

팀워크 향상의 목적은 '팀 빌딩'으로 명명하고, 일상적 회의는 '업무회의' 또는 '주간회의' 등으로 부를 수 있다. 오직 '집단지성이 필요한 활동'에 한해 '워크숍' 명칭을 사용하길 추천한다.

예를 들어, 워크숍이 필요한 상황은 다음과 같다.

- 집단의 미션과 비전, 전략을 수립할 때
- 구체적인 목표와 추진 계획을 수립할 때
- 일하는 방식에 대한 프로세스를 수립할 때
- 과업 추진 실적을 공유하고, 개선 방안을 수립할 때
- 변화 상황에 대한 대응 방안을 수립할 때
- 팀 빌딩이 필요할 때

리더 입장에서 '워크숍'을 활용하면, 구성원뿐 아니라 다양한 이해관계자의 참여와 지지를 이끌어 내는 데 도움이 된다. 사람들은 자신이 궁금해하는 정보에 대한 설명을 듣거나, 고유의 생각을 공유할 '기회'가 공식적으로 제공되는지에 대한 관심이 높다. 이 과정을 통해서 '구성원을 존중'하는 의도를 전달할 수 있다.

워크숍 설계를 위해 고려할 5가지

일반적으로 모든 계획을 수립할 때 중요한 요소는 'Why, What, How' 3가지 요소의 구체화이다. 워크숍은 교육과정처럼 면밀히 계획할 필요는 없지만, 즉흥적으로 토론할 만큼 개방적이거나 자유로운 것도 아니다. 참석자들이 건설적이고 긍정적인 방식으로 참여할 수 있도록 적합한 환경, 분위기, 기회를 만들어주어야 한다.

No	설계 요소	검토 사항
1	목적	• 워크숍의 실시 배경(why)
2	산출물	• 워크숍에서 도출해야 할 목표 산출물의 정의
3	참석자	• 참석자 선정, 관심사 파악 • 주제에 대한 이해 수준 및 입장 파악
4	절차	• 산출물 도출을 위해 어떤 과정을 거쳐야 하는지 프로그램 결정 • 시간과 인원 규모, 예상 안건 등을 고려한 진행 방법과 시나리오 구성
5	예상되는 이슈	• 리스크 확인 및 평가 • 핵심 리스크에 대한 대응책 준비

출처: 소통, 공룡을 표범처럼 날렵하게 만든다, 동아비즈니스리뷰(2014)(재구성)

구체적 설계에 참고할 3가지 측면의 고려사항을 소개하겠다.

첫째, 시간 안분이다.

집중도를 고려해서 15~30분 단위로 적절하게 개입하거나 전환하는 활동을 반영하는 것이 효과적이다. 변화는 집중력을 유지하도록 돕는다. 참석자들의 심리적 변화를 예상하여, 휴식시간을 적절히 반영해야 한다. 이때 자주 쉬는 것보다 20분 정도로 배정하여 충분하게 쉬는 것이 효과적일 수 있다. 그 과정에서 서로 소통하고, 비공식적 의견을 들을 수 있다.

둘째, 프로그램 순서이다.

마음을 열고 공감대를 형성한 후 이성적 몰입을 유도할 수 있다. 목적과 목표, 전체 일정 등의 소개뿐 아니라 '예상되는 이슈'에 대한 명확한 설명을 미리 제공해야 한다. 가벼운 게임이나 아이스브레이킹도 좋다. 주제는 '간단한 이슈'에서 '복잡한 이슈'로 순서를 배정한다. 같은 맥락으로 모두 '공유하고 있는 것'에서 '모르는 것'으로 배정한다.

셋째, 사전 준비사항이다.

워크숍의 명확한 목적과 이해를 돕기 위한 자료를 미리 제공해야 한다. 이를 통해 워크숍 시간을 보다 효율적으로 활용할 수 있다. 이때 미리 생각을 정리하거나 공유해야 하는 자료를 준비하도록 '공통 양식'을 '작성 예시'와 함께 전달하는 것이 효과적이다. 참석자 모두 충실히 준비하는 것이 자연스러운 문화로 정착되도록 유도해야 한다.

참여적 의사결정을 이끌기 위한
퍼실리테이션 스킬

퍼실리테이션(Facilitation)이란?

퍼실리테이션이란, '촉진 작용 또는 용이하게 하기'로 번역할 수 있다. 그래서 국내에 처음 소개되었을 때, '촉진자'라는 용어로 널리 활용되었다. 다양한 개념 정의 중 '팀의 집단지성 촉진'과 관련한 의미를 잘 설명한 정의는 다음과 같다.

첫째, 전략 컨설턴트인 마이클 도일Michael Doyle이 제시한 개념이다. 그는 퍼실리테이션을 '집단이나 조직이 협업과 시너지를 창출하여, 보다 효과적으로 일할 수 있도록 하는 과정'으로 정의하였다.

둘째, 퍼실리테이션 전문가인 잉그리드 벤스Ingrid Bens가 제시한 개념이다. 그녀는 퍼실리테이션을 '집단이 효과적으로 기능하여 양질의 의사결정을 할 수 있도록 구조와 절차를 형성하는 과정'으로 정의하였다.

이를 정리하자면, 퍼실리테이션이란 '집단지성이 필요한 워크숍을 중립적으로 이끌어, 의도하는 결과를 도출하는 과정'으로 볼 수 있다. 리더는 퍼실리테이션을 건전한 토의를 촉진하고 의사결정의 '수용도와 실행력'을 높이기 위한 효과적인 전략으로 활용할 수 있다.

퍼실리테이터 역할

퍼실리테이터는 '워크숍 과정을 중립적으로 이끄는 사람'으로 이해하면 된다. 기대하는 역할과 역할 수행에 필요한 핵심 스킬이 무엇인지 간략하게 소개하겠다.

첫째, 워크숍 목표 달성을 이끄는 진행자 역할을 수행한다.

워크숍의 목표와 기대 산출물 도출을 위해 집중을 유도한다. 약속한 시간 안에 '결과'를 도출해야 하기 때문에, 효율적인 시간과 주제관리가 중요하다. 논의 내용을 '정리하고 요약'하는 스킬이 필요하다. 또한 워크숍 진행에 방해되는 행동을 주의 깊게 관찰하고, 적시에 개입하는 스킬이 필요하다.

둘째, 의사소통을 촉진하는 역할을 수행한다.

심리적 안전감을 조성하고, 편안하게 의견을 제시할 수 있도록 경청하는 스킬이 필요하다. 모든 의견이 무시되지 않고, 중요하게 존중받고 있다는 사실을 보여주어야 한다. 무엇보다 참석자들의 창의적 아이디어를 끌어내도록 효과적인 질문을 개발하고, 사용하는 스킬이 필요하다.

셋째, 조정자 역할을 수행한다.

참석자들 사이의 대립과 갈등을 감지하고 원만하게 조정하는 역할을 수행한다. 다양한 관점을 반영한 의견은 지지하지만, 상대를 평가하거나 비난하는 의견은 자제해야 한다.

리더가 직접 퍼실리테이터 역할을 수행할 때, 주의할 사항이 하나 있다.

리더의 '중립성 유지'이다. 우리 문화는 수평적 양방향 소통을 지향하지만, 상대적으로 리더의 영향력이 클 수 있다. 따라서 평가 또는 판단을 표현해서는 안 된다. 무심코 반응하는 비언어적인 표현과 자세에 주의해야 한다. 프로세스에 관심을 두고, 내용은 구성원이 결정하도록 해야 한다.

이때 리더가 보유한 '전문성과 권한'을 통해 '위계적 영향력'을 행사하지 않도록 주의해야 한다. 만약 우려된다면, 역량과 경험을 갖춘 것으로 판단되는 구성원에게 진행을 요청하는 것이 바람직하다.

퍼실리테이션 스킬

- 참여 촉진을 위한 질문 방법?

퍼실리테이터는 워크숍 참가자들의 참여를 높이거나, 모호한 것을 명확히 하기 위한 목적으로 질문한다. 창의적 아이디어와 집단지성 발휘를 위해, 가장 중요한 부분이 '질문을 통한 촉진'이라고 생각해도 좋다.

- 질문을 하면 답이 나온다.
- 질문을 하면 정보를 얻는다.
- 질문을 하면 통제가 된다.
- 질문을 하면 마음을 열게 된다.
- 질문은 생각을 자극한다.
- 질문은 귀를 기울이게 한다.
- 질문에 답하면 스스로 설득된다.

출처: 도로시 리즈(Dorothy Leeds), 2016, 질문의 7가지 힘

인간의 사고능력은 '질문하지 않으면 반응하지 않는' 특징을 갖는다. 그러므로 상황에 맞게 질문을 사용하는 스킬이 필요하다.

구분	목적	사례
열린 질문	주제 관심 자극	"시스템의 어느 부분에 대해 불만족스러운가요?"
확인 질문	요점 명확화	"얼마나 이런 일이 자주 일어나나요?"
예시 질문	주장 구체화	"서비스 개선을 가져온 최근의 구체적인 사례가 있나요?"
탐색 질문	추가 정보 파악	"왜 그런 행동을 하게 되었는지 말씀해 주실 수 있나요?"
촉진 질문	새로운 관점, 참여 유도	"이 주제에 대해 또 다른 의견 있나요?"

답변에 대한 참석자들의 이해도를 파악하고, 필요시 보다 명확히 하기 위해 '바꾸어 말하거나' '요약해서 말하는 방법'이 필요하다. 중요한 내용의 경우, 간결하게 기록하는 것도 좋다.

- 아이디어를 통합하고, 의사결정 하는 방법?

최종 의사결정을 위해서는, 아이디어별 선정기준별로 평가한다. 참가자들의 다양한 의견을 동등하게 존중하기 위해, 다수결의 방식으로 결정할 수 있다. 워크숍 진행 중 빠르고 쉽게 활용할 수 있는 방법은 다음과 같다.

- 손 들기: 각 개인이 손을 들어 가장 선호하는 5가지 아이디어 선택
- 스티커 붙이기: 공감하는 아이디어에 스티커 붙이기(비공개 진행)
- 아이디어별 점수 주기: 5점 또는 10점 척도

- 명확성을 높이기 위해 개입해야 하는 방법?

대부분의 사람들은 대화 과정에서 '명확한 의도'를 이해하기 어려운 경우, 자신의 입장에서 '익숙하거나 유리한 방향'으로 해석할 가능성이 높다. 토론과정에서는 상대방의 입장이 명확하지 않을 경우, '~~일 것이다'라는 가정을 쉽게 한다. 그리고 이를 바탕으로 한 걸음 더 나아가 판단하는 '그러므로 ~~해야 한다'라는 추론이 이루어질 가능성이 높다.

다시 말해, '본래 의도'와 전혀 다른 '해석'을 할 가능성이 높다. 이처럼 의견을 교환하는 과정에서 '가정과 추론'의 모습이 관찰된다면, 퍼실리테이터는 명확성을 높여 주기 위해 토론 도중에 개입해야 한다.

"잠시만요. 김 책임님! 방금 ~~라고 말씀하셨는데 맞지요?" "저희 입장에서는 ~~은 ~~으로 이해되는데요. 맞습니까?" 혹은 "김 책임님! 방금 말씀하신 건은 이미 실패할 것이라고 가정하신 것 아닌가요?" "그 판단 이유를 구체적인 사례를 들어서 설명해 주시겠습니까?"

주의해야 하는 부분은, '상대방이 잘못했다'는 인상을 주지 않는 것이다. 이를 위해 퍼실리테이터는 상대방이 구체적으로 '언급'했던 '말과 행동'을 구체적으로 '반복 또는 묘사'하는 것이 효과적이다.

- 원활한 진행을 위해 개입하는 방법?

발언기회를 독점하거나 주도하는 구성원에게는 모든 참석자의 의견이 소중하다는 것을 알려야 한다. 만약 이 방법이 통하지 않는다면, 너무 오랫동안 이야기하지 않도록 중간에 개입해서 제한해야 한다.

잡담하는 구성원은 다른 참석자들을 방해할 수 있으므로, 즉시 문제 행동의 중단을 요구해야 한다. 그럼에도 불구하고 잡담이 계속되면 쉬는 시간에 자리를 옮기도록 하는 것도 좋은 방법이다.

침묵하는 구성원은 그룹의 논의에 참여하는 것을 불편해할 수 있다. 이런 사람들은 한 명씩 차례로 이야기하는 토론 방법을 활용해서 자연스럽게 토론에 참여하도록 독려한다. 수줍음 때문이라면, 익명성을 보장할 수 있는 포스트잇이나 모바일앱을 사용해 참여를 이끌어도 좋다.

부정적인 구성원은 모든 사항에 대해 논쟁적인 태도로 반대 의견을 표현하며 워크숍 전체가 시간 낭비라고 주장할 가능성이 있다. 그런 행동이 관찰되면 자제를 요청하고, 계속된다면 쉬는 시간에 이야기를 나누며 건설적으로 행동할 것을 요구하거나 워크숍을 떠나도록 강한 메시지를 전달해야 한다.

이상에서 살펴본 바와 같이, 리더는 집단의 목표 달성, 구성원의 몰입, 프로세스 향상 등 핵심적인 역할을 수행하는 과정에서 다양한 의사결정 상황을 경험한다. 낯선 상황이 일상이 되는 디지털세상에서는 언제나 새로운 판단을 요구한다. 기존의 방식으로는 적용이 어려운 경우가 늘어가기에 집단지성을 통한 접근이 더욱 중요해졌다.

게다가 환경변화에 민첩하게 대응하기 위해서는 구성원의 권한 위임이 꼭 필요하다. 리더는 구성원의 역량과 자신감, 과제의 특징을 파악하고 권한과 함께 구체적인 방법을 알려주어야 한다. 리더가 직면하는 중요한 의사결정은 주요 이해관계자의 저항을 수반하는 변화 상황일 가능성이 높다. 의사결정은 올바른 선택을 넘어, 구체적인 실행과 목표 달성이 목적임을 잊지 말아야 한다.

구성원의 참여적 의사결정은 수용도와 실행력을 높여준다. 워크숍은 구성원들과 유효한 정보를 공유하고, 의견을 교환하고, 공동 의사결정까지 할 수 있는 효과적인 참여적 의사결정 방법이다. 리더는 이를 설계하고 효과적으로 운영할 수 있는 퍼실리테이션 스킬이 필요하다. 모든 구성원의 다양한 의견을 동등하게 인정하고, 집단지성을 이끌기 위해 효과적으로 개입하는 스킬을 확보해야 한다.

리더십

역량 개발을 위한
효과적 실천 방법

8장

1

훌륭한 습관을 만드는 과정,
학습

7장까지 집단의 리더가 책임져야 하는 핵심 성과와, 충실한 역할 수행을 위한 스킬을 이해하는 여정을 진행했다. 만약 인지적 측면의 '기억력'에 초점을 둔다면, 어느 정도 성과는 있다고 볼 수 있다.

그러나 일상의 구체적 행동 변화 측면에서 보면 여전히 해결해야 할 부분이 적지 않다. 그래서 '리더십 학습'은 마치 공자님 말씀과 성경, 불경의 말씀처럼 현실과 괴리된 것으로 폄하되기도 했다. 시험을 치면 100점인데 막상 시켜 보면 과락 점수가 허다한 이유다.

성인은 본래 학습이 어렵다. 왜냐하면, 오랜 시간 축적된 자신만의 성공 방정식인 스키마Schema가 '결정지능Crystallized intelligence'으로 견고해졌기 때문이다. 청년기 이전에 '유동지능Fluid intelligence'의 비중이 높았던 것과 대조적이다. 다양한 경험은 훌륭한 지혜와 통찰을 가져다주는 장점이 되기도 하지만, 외부의 낯선 자극을 불편해하고 거부하려는 '고집'이 강해진다면 단점이 될 수 있다.

우리가 지향하는 리더십 역량 개발 학습은, 새로운 행동습관을 만드는 것으로 이해해야 한다. 윌리엄 하웰은 학습과정을 4단계로 명료하게 제시했다.

구분	1단계	2단계	3단계	4단계
관심 수준	무의식	의식	의식	무의식
역량 수준	무능	무능	유능	유능
의미 설명	아무런 관심이 없기 때문에 자신이 '못 한다'는 인식조차 없음	의도적 노력을 통해 배우려고 하지만, 실력 변화가 없음	열심히 집중해서 수행하면, 기대하는 실력을 발휘할 수 있음	큰 노력을 들이지 않더라도, 자연스럽게 높은 수준을 발휘함

예를 들어, 운전을 처음 배울 때를 생각해 보자. 필기시험은 나름 열심히 집중하면 어렵지 않게 통과한다. 문제는 실기시험이다. 학원에 등록하기 전까지는 '자신의 수준'을 가늠하지 못한다. 그러나 명확한 것은 '운전을 못하는 수준'이다. 학원 강사님의 지도 아래 반복된 실습을 하지만, 집중해도 단기간에 매끄럽게 운전하지 못한다. 2주일이 지나고 점점 집중해서 노력하면, 실기시험을 통과할 수준이 된다. 이후 실제 운전을 하지만, 여전히 신호등과 주차장이 부담스럽다. 백미러 보는 것도 어렵다. 이후 다양한 경험과 시행착오를 통해 실력이 부쩍 좋아지게 된다. 운전을 할 때 피로감이 줄어들면서, 라디오도 듣고 옆사람과 대화도 하면서 복잡한 운전을 자연스럽게 하게 된다.

미국인 의사 맥스웰 몰츠는『성공의 법칙』에서 습관을 바꾸려면 최소 21일을 계속해야 한다는 '21일의 법칙'을 처음 주장했다. 그는 큰 사고로 사지를 절단한 환자들이 잘린 팔과 다리에 심리적으로 적응하는 기간을 연구하며 21일 정도가 필요하다는 점에 주목했다. 이후 많은 심리학자와 의학자들의 연구를 통해서 더욱 견고한 법칙이 되었다. 영국의 필리파 랠리 교수도 '뇌의 신경세포 가운데 기억세포가 형성되는 기간이 최소 21일이 걸린다'는 연구 결과를 발표했다. 다시 말해, 적어도 3주 정도의 시간이 필요하다. 2009년 유럽 사회심리학저널에서는 운동 습관으로 몸이 자동적 반응을 일으키는 데 평균 12주 정도 소요된다는 점을 강조했다.

리더십은 본래 타인과의 상호작용 속에서 '소통'을 통해서 발휘된다. 다시 말해, 외부 다양한 자극에 대한 '무의식적 반응'이 '바람직한 습관'으로 형성되어야 한다. 처음에는 어렵고 어색하지만, 오랜 시간 의식적으로 노력하면 '자연스러운 나의 습관'으로 정착하게 된다. 요리 관련 예능프로그램에서 높은 인기를 끌고 있는 백종원 대표의 인터뷰가 기억난다. 사회공헌 활동 선행 사례에 대한 기자의 질문에 그는 이렇게 대답했다. "처음에는 아내의 권유에 따랐습니다. 그리고 조금씩 훌륭한 분들을 흉내 내다 보니, 과거 제 모습보다 아주 약간은 더 나아진 듯합니다." 그렇다. 인간의 모든 학습은 '모방 학습'이다. 아이가 성인이 되기까지, 평생 다양한 변화에 적응하는 과정에서 핵심은 '눈으로 보고 좋은 것은 내 것으로 만들기 위해 따라 하는 것'이 가장 효과적인 전략이다.

2 공감적 소통 습관
만들기

리더의 소통과 신뢰를 결정하는 핵심 요소는 공감 능력이다. 공감 능력은 '책'에서 배울 수 없는 요소 중 으뜸이다. 수영과 요리, 악기 연주를 책으로 배우기란 보통 어려운 일이 아니다. 왜냐하면, 개념적 지식이 아니라 실천적 지식이기 때문이다. 설령 배우더라도, 높은 수준으로 발휘하기 어렵다. 실제 많은 경험을 통해 몸에 각인된 습관으로 자리해야 한다.

감성지능 높이기

20여 년 전 필자가 세계적인 역량 개발 전문가들과 프로젝트를 했던 때였다. 성공한 임원들의 공통 행동 특성을 기반으로 '역량모델링'을 하는 중이었다. 글로벌 벤치마킹을 하던 중 '감정 관리Self-Control'가 매우 중요한 역량이라는 사실에 놀랐다.

당연히 갖추고 있는 것이라 생각했지만 의외였다. 이유는 이렇다. 중요한 의사결정이 필요한 순간 감정으로부터 자유로운 사람은 거의 없다. 이 것이 '제한된 합리성'이다. 그들은 조직 내부의 공식적 지위와 권한을 갖고 있어서, 자신의 결정에 반대하는 사람을 만나기 쉽지 않기 때문에 스스로 조절하는 능력이 매우 중요하다.

이해관계자를 설득하거나 협상하는 상황이라면, 감정 관리는 더욱 중요 해진다. 감정 관리는 다양한 사람들과 상호작용이 많이 필요한 '팀을 통한 협업' 과정을 성공으로 이끌기 위해서도 중요하다. 서로 공유하는 것이 적 은 상태에서, 시너지를 발휘하는 과정은 쉽지 않다. 과업과 관계 측면의 다 양한 상호작용을 규율하는 규칙과 프로세스가 명확하더라도, 해석이 달라 지는 모호한 지점이 있기 마련이다. 상호 존중하고 배려하는 '공감을 기반 으로 한 소통 스킬'은 협력을 통해 더 나은 결과를 만들어 내도록 돕는다.

다니엘 골먼은 이러한 능력을 '감성지능Emotional Quotient'으로 정의했다. 감성지능이란, 자신이나 타인 또는 조직 내의 감정들을 인식하고 긍정적

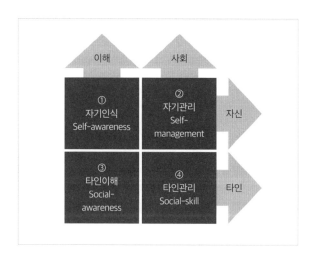

으로 관리하는 능력을 말한다. 감성지능이 높은 사람들의 특징은 다음과 같다.

① 자기인식: 자신의 감정을 객관적으로 이해한다. 현재 감정 상태와 원인 그리고 타인에게 미치는 영향을 잘 알고 있다. 바꾸어 말하자면, 자신에 대한 객관적 인식 능력이 높다.

② 자기관리: 자신의 감정과 상황을 고려하여 적합한 행동을 선택한다. 예를 들어, 스트레스를 효과적으로 관리하거나 인내심을 발휘하는 등의 자기조절과 동기를 스스로 관리하는 행동을 보인다.

③ 타인 이해: 다른 사람들의 감정을 잘 이해한다. 구체적으로 표현된 행동 이면의 감정과 욕구를 민감하게 파악한다. 자신의 경험에 비추어, 보편적인 반응과 감정을 확장해서 읽어내는 능력이 높다. 다시 말해, 상대방의 입장에서 어떤 감정을 갖게 되는지 잘 알고 있다.

④ 타인 관리: 상대방의 상황에 적절한 반응을 보임으로써, 긍정적인 관계를 형성한다. 예를 들어, 상대가 화난 상황이라면 깊이 경청하는 반응을 보인다. 상대가 자신감이 없거나 힘들어한다면 필요한 조언이나 도움을 제공하기도 한다. 갈등 상황을 극복하고, 협력과 시너지를 이끌어 내기 위한 효과적인 행동을 발휘한다.

자신의 부정적 감정을 알아차리는 방법

정신분석학자 프로이트는 인간의 발달단계를 통해, 출생 초기 감정은 쾌快와 불쾌不快 2가지로 매우 단순했음을 강조한다. 성장과정 속에서 다양한 사회화 수단을 통해서 '좌절'도 경험하며, 생존을 위한 효과적 '조절'

을 배우게 된다. 감정적 반응도 초기 '좋아, 싫어'에서 '다양하게 세분화'된다. 그러나 인간 행동의 대부분은 무의식적 시스템에 의해 외부 자극에 반응한다. 여전히 '좋아, 싫어'가 가장 빠르다. 그 이후에 '맞아, 틀려'를 생각하게 된다. 자신의 생존과 욕망에 부합하는 경우 '좋아'라는 감정을 형성하고, 반대로 고통과 불안 등의 두려움에 부합하는 경우 '싫어'라는 반응을 한다. 이처럼 '감정적 반응'은 본능에 가까운 빠른 반응이다. 이후에 '이성적 반응'은 의식적으로 감정적 결정을 합리화하곤 한다.

특히 부정적 감정은 잘못된 판단과 의사결정을 하게 만든다. 관계와 과업 모든 영역을 망치게 만드는 주범이다. 무엇보다 자신이 스트레스 상황에 힘들어하게 된다. 그렇다면 부정적 감정은 어떻게 극복할 수 있을까?

첫째, 심호흡 반복하기

자신의 기분이나 감정 상태에 대해서 객관적으로 이해하는 '알아차림 훈련'이 효과적이다. 특히 우리 몸의 위장이나 신장 등의 장기들은 '뜻대로 할 수 없는 불수의근'이다. 그러나 '호흡'은 우리가 의식적으로 주의를 기울이면, '알아차릴 수 있고 조절도 가능'하다. 긴장되거나 스트레스 상황에 처한 경우 '심호흡'이 효과적인 이유이기도 하다. 잠시 멈추고 오롯이 현재 상태에 집중하도록 '숨을 코로 깊이 들이쉬고, 입으로 천천히 내뱉기'를 몇 차례 반복한다. 이 과정에서 5감각을 호흡에만 집중하고 느끼는 것을 병행한다.

- **화가 난 상황이라면, 양해를 구하고 그 상황을 피한다.**
  - 공간을 바꾸면, 상황을 잠시 바꿀 수 있다.
- **눈을 감고, 심호흡을 한다.**
  - 심장박동이 느려지고, 열이 가라 앉을 때까지 반복한다.

둘째, 부정적 감정에 세분화된 이름표 붙이기

부정적 감정에 대해 모두 부정적으로 반응해서는 안 된다. 원인에 따라서 세분화하면, 해결 방안도 다르기 마련이다. '싫어'와 '화'라는 감정을 나누어 보면, 두려움/서운함/실망감/공포/슬픔/걱정/초조/불안/고독/지루함/분노/조급함/좌절 등으로 이름 붙일 수 있다.

- 나는 지금 실패에 대한 두려움이 든다.

- 나는 지금 불안한 마음이 든다.

- 나는 지금 상황이 실망스럽다.

- 나는 지금 아무것도 할 수 없을 만큼 슬픈 마음이 든다.

- 나는 지금 조급한 마음이 든다.

- 나는 지금 자신감이 약해진 상태다.

- 나는 지금 아무것도 할 수 없는 것에 분노감이 든다.

셋째, 객관적으로 바라보고 긍정에 집중하기

• **스스로에게 질문해 본다.**

- 지금 왜 이런 반응을 하는 거지?

- 상대방의 문제인가, 아니면 나의 문제인가?

• **지금의 감정도 다시 긍정적으로 바뀔 것이라는 점에 주목한다.**

- 대부분의 감정은 상황이 바뀌면 바뀌기 마련이다.

공감을 표현하기 위한 제스처와 말투 습관

공감이란 상대방의 입장에서 느끼는 감정을 이해하고, 이를 구체적으로 표현하는 과정이다. 설령 상대방과 대립된 의견을 가진 상황이며, 상대방 주장에 동의하지 않는 경우에도 '공감'은 가능하다. 왜냐하면, 상대방의 '감정을 이해한다는 의사표시'이기 때문이다. 여기 주목할 부분은 '알고 있다'는 것을 '구체적으로 표현'해야 '공감의 메시지'를 전달할 수 있다는 점이다.

상대방은 나의 말투와 표정을 통해서 '감정과 생각'을 미루어 짐작할 가능성이 매우 높다. 여기서 말투와 표정은 상대방에 대한 '존중감'을 담아내는 형식이자 그릇이라는 점을 유념해야 한다. 그러므로 상대가 '오해하지 않도록 주의'가 필요하다. 특히 까다롭고 민감한 소통 주제를 다룰 경우라면 '거울'을 먼저 보는 것이 성공을 돕는다.

사실 '말투와 표정'은 인간의 개성 중 쉽게 변하지 않는 속성이다. 의식적으로 행동하는 상황에서는 문제없이 행동한다. 그러나 일상의 대부분은 '무의식적 반응'으로 이루어진다. 그러므로 오랜 시간 꾸준한 반복을 통해서 '자연스러운 습관'으로 만들어야 한다.

공감을 보여주기 위한 효과적인 제스처는 무엇일까? 상대방의 말을 깊이 듣고 있음을 시각적으로 보여주어야 한다. 귀로 듣는 것을 넘어서, 마음으로 듣고 있음을 보여줘야 한다. 일단 대화 중에는 다른 일을 중단하고 온전히 듣는 일에 집중해야 한다. 이때 시선을 맞추고 고개를 끄덕이는 것은 기본이다. 몸의 방향을 상대방 쪽으로 기울여야 한다. 무엇보다 상대방과 대화할 때, 자신의 배꼽 방향이 상대방의 시선을 바라보고 있는지 점검해 보기를 권한다. 가끔 바쁘게 일하는 도중에 누군가 말을 걸거나 문의를 할 경우라면 하던 일을 잠시 멈추고 몸의 방향을 돌려 온전히 집중해 주어야 한다. 만약 여건이 어렵다면, 양해를 구하거나 바쁜 일을 마치고 다시 이야기하자고 부탁해도 좋다.

추가로 강조하고 싶은 것이 '표정'이다. 상대방은 나의 표정이 전달하는 감정적 메시지를 오해할 가능성이 있다. 리더의 표정은 집단 구성원 전체에 빠르게 전달되기 마련이다. 구성원들은 리더의 표정에 주의를 기울이며, 눈치를 살필 가능성이 높다. 게다가 표정은 생각보다 쉽게 바뀌지 않는 특성이 있다. 만약 표정이 어둡거나 밝은 인상이 아닌 경우라면 '미소 짓는 훈련'을 꾸준히 하기 바란다. 거울은 절대 먼저 웃어주지 않는다.

공감을 표현하는 효과적인 말투는 무엇일까? '말'을 담아내는 형식인 '말투'는 전달하려는 사람의 의도를 담아내는 훌륭한 그릇이 된다. 평소에 좋은 말투를 훈련하지 않으면, 쉽게 바뀌지 않는다는 점을 유념해야 한다.

첫째, '바른 호칭'을 사용한다.

호칭은 관계를 결정해 준다. 절대로 거꾸로 가지 않는다. 예를 들면 이런 것이다. 야! → 임마! → 새끼야! → ○새끼야! → ○○새끼야!!

상대방의 공식적인 직급이나 이름을 바르게 부르되, 약속한 호칭을 사용해야 한다. 친밀감은 존중하지만, 이질적인 사람이 함께 있는 경우라면 원칙대로 사용해야 한다. 만약, 불편한 교정적 피드백이나 질책을 해야 하는 상황이라면 더욱 철저하게 공식적인 호칭을 사용해야 한다. 그래야 감정적 반응을 제어할 수 있다.

둘째, 긍정적으로 표현한다.

집단지성을 통한 다양한 아이디어가 필요한 상황에서 상대방이 제시한 의견에 대해 '단점과 제한점'을 먼저 언급하는 것은 효과적이지 않다. 많은 사람들이 무의식적으로 "Yes, But(맞아, 그런데)"이라고 말한다. 이를 "Yes, And(맞아, 그리고)"로 바꾸어 보기를 추천한다. 상대방 의견에 대한 부정적 피드백보다는, 이를 인정하고 긍정적으로 보완하는 의견을 제공하는 것이다. 만약 타협하기 어려운 원칙을 공유하는 상황이라면, Yes, But은 여전히 효과적이다.

> 예: "지금 사정이 매우 어렵다는 것은 잘 알고 있다. 하지만, 약속은 지켜야 한다"
>
> "품질을 맞추기 어렵다는 점은 이해된다. 그래도 비용을 초과할 수 없다"

셋째, 나의 주관적 한계를 인정하고, 솔직한 감정을 전달하는 I 메시지를 사용한다.

민감한 주제로 논의하는 과정에서 대립된 의견을 전달할 때 효과적이다.

> 예: "제가 틀릴 수 있겠지만…"
>
> "제가 이해하기로는…"
>
> "리더인 제 입장에서는…"
>
> "필자는 이렇게 해주었으면 해요…"

종종 상대방의 문제 행동을 지적하는 경우들이 있는데, 이런 방식은 You 메시지가 된다. 상대방은 불편한 감정적 반응을 하거나, 위협으로 간주하고 방어기제를 발휘할 가능성이 높다. 그러므로 상대방이 아닌 나의 솔직함 감정 전달에 초점을 두고 말해야 한다.

> 예: "필자는 솔직히 불안한 마음이 들었다."
>
> "필자는 이번 결과에 대해서 실망스럽다는 생각이 가장 컸다."
>
> "필자는 당시 상당히 당황스러웠다."

넷째, 평가적 표현을 자제하고 객관적으로 묘사한다.

상대방 입장에서 자신의 행동에 대해서 판단하고 평가한다고 느끼지 않도록, 객관적으로 표현한다. 가능한 한 있는 그대로의 상황이나 사건을 그림을 그리듯 묘사하는 방식으로 바꾸어 전달한다.

예: "지난번에도 또 실수했지요?"

→ "지난 월요일 보고서의 현황 분석 데이터에 오류가 2군데 있었습니다."

"번번이 출근 시간을 무시하더군요."

→ "이번 달에만 2번이나 출근시간을 넘겨 출근했습니다. 맞나요?"

다섯째, 참여를 유도하는 질문을 사용한다.

설령 나에게 공식적 권한이 있고 나의 결정과 방향이 옳은 것일지라도, 지시하거나 명령하듯이 말하면 수용도가 높지 않다. 지시명령형 말투는 상대방을 아랫사람으로 간주한다고 오해할 수 있으며, 불편한 감정과 저항을 유발할 수 있다. 전달 방식 때문에 '좋은 의도'마저 '듣기 싫은 잔소리'로 인식될 수 있다. 이를 질문 형태로 바꾸어 전달하면, 수용도와 참여도를 높일 수 있다.

예를 들어, 프로젝트 일정이 지연될 것이 예상되는 상황이다. 최대한 약속한 일정을 준수하기 위해 구성원들의 몰입과 참여를 유도해야 한다. 답을 주고 실행만 하라는 '답정너'를 경계하고, '대안 발굴 과정에 참여'하도록 질문 방식으로 요청하는 방식이 효과적이다. "어떻게 ○○하는 것이 좋을까요?" 또는 "○○하려면 어떻게 해야 할까요?"와 같이 표현하면 된다.

예: "다음부터 납기를 어기는 일이 있어서는 안 됩니다."

→ "어떻게 해야 납기를 맞출 수 있을까요?"

"고객만족도 조사결과에 불만사례가 나오지 않도록 해주세요."

→ "고객만족도를 높이기 위해 지금까지 했던 것 이외에 혹시 다른 방법은 없을까요?"

편안한 대화 자주 하기

역량 개발 중 가장 효율성이 높은 것이 '소통'에 대한 학습이 분명하다. 왜냐하면, 일터와 삶터 전반에 가장 활용도가 높을 뿐 아니라 가장 빈번하게 사용하기 때문이다.

리더는 처음 본 사람 또는 낯선 사람과 자연스럽게 대화를 주도해야 하는 경우들이 자주 발생한다. 필요한 정보와 니즈를 파악하기 위한 경우도 있지만, 종종 까다로운 주제로 설득과 면담을 진행해야 하는 경우도 있다. 글로 전달하는 경우 불필요한 오해나 실수를 유발할 수 있으므로 반드시 말로 대면으로 전달해야 하는 경우가 적지 않다.

업무적 소통의 경우, 결론 중심의 간결한 소통이 핵심이다. 그러나 일회성 관계가 아니라, 집단의 장기적 목표 달성을 위해 지속적인 상호작용을 해야 하는 관계라면 이것으로 충분하지 않다. 편안한 관계일수록 신뢰 수준도 높아지며, 소통도 쉽고 빈도도 높아지게 된다. 결국 상대방과 공유하

는 공감대의 크기가 커진다. 이는 업무적 소통의 정확도를 높이고, 오해의 가능성을 낮추는 데 기여한다.

지인 중에 대규모 생산공장의 리더로 오랫동안 일하신 분의 성공 사례가 있다. 그분은 매일 출근시간에 현장 순회를 하면서 천 명이 넘는 직원들이 일하는 모습을 돌아보며 가볍게 눈인사를 건네거나 안부를 묻기도 한다. 가끔 이슈가 있었거나 고충이 있는 직원들이 계획을 갖고 방문하기도 한다. 이때 직원의 이름과 관심사안을 구체적으로 물어준다. 직원들의 반응도 좋다. 중요한 것은 매번 일관된 모습으로 그런 활동을 한다는 점에 직원들이 '진심'으로 받아들이고 있다는 것이다.

대화 주제의 중요성에 따라 깊이 있는 대화의 경험도 좋지만, 가벼운 주제의 대화를 자주 하는 것이 도움이 된다. 평소 우연히 마주치는 상황에서 미소와 인사, 가벼운 안부를 나누는 대화는 상대방의 존재를 인정하고 있다는 메시지를 확실히 전달한다. 함께 일하는 후배가 있다면, 자주 기회를 만들어 '편안한 대화'의 빈도를 높여 보기 바란다. 후배의 고충과 욕구를 알게 되면, 구체적인 도움을 제공하고 신뢰를 두텁게 형성해 보기를 추천한다.

인문학과 다양한 예술작품 감상하기

최근 꾸준히 주목받는 것이 '인문학'이다. 주로 역사, 문학, 철학, 예술 등이다. 이유는 분명하다. 쉽게 변하지 않는 우리 인간과 사회에 대한 다양한 이슈를 다루고 있기 때문이다.

고전과 문학은 시간과 장소, 문화적 차이를 뛰어넘을 만큼 강한 생명력을 지니고 있다. 많은 사람들에게 동일하게 공감과 지지를 얻고 있다는 점은, '공유하는 가치'가 적지 않다는 점을 말해준다. 이를 '보편성'이라 한다. 이질적이고 낯선 사람들과 교류할 때, 공통점을 발굴하고 이를 확대하는 것은 좋은 관계 형성에 도움이 된다. 파레토법칙을 적용해본다면, 이런 공통 부분이 20% 정도에 지나지 않더라도 80% 이상의 공감을 이끌어 낼 수 있을 것이다. 다시 말해, 인문학적 소양은 공감 능력과 소통 스킬에 효과적이다.

리더 입장에서는 상대방의 다양한 입장을 이해할 수 있는 훌륭한 방법이 된다. 구체적으로 그들의 욕구와 감정, 고충을 이해하는 데 큰 도움이 된다. 이를 통해 이해의 폭도 넓히고, 적합하게 대응할 방법을 선택하는 데 유용한 지혜를 얻을 수 있다.

학습 방법은 독서뿐 아니라 강연, 공연 관람, 드라마와 영화 시청, 음악 감상 등 열거하기 어려울 정도로 다양하게 열려 있다. 인간의 뇌는 질문하지 않으면, 대답하지 않는 속성을 갖고 있다. 학습 효과성을 높이려면 '왜 그렇게 행동했을까? 그들은 무엇을 중요하게 생각했는가? 그들이 진짜 원하는 것은 무엇이었을까?' 등을 꾸준히 질문하고, 스스로 답을 찾아보아야 한다.

생산적 소통 습관 **만들기**

생산적인 소통은 목표가 분명한 상황에서 필요하다. 제한된 자원 속에서 기대한 결과물을 만들어내거나, 합의 또는 결론을 효율적인 방법으로 도출하는 경우에 해당한다. 1대1 대화에서도 중요하지만, 다수가 함께 대화하는 상황에서의 생산성은 매우 중요하다.

다양한 집단의 업무 생산성 향상이 회의의 변하지 않는 과제라는 점을 떠올려 본다면 쉽게 동의할 수 있을 것이다. 편안한 대화는 공감을 기반으로 한 감정이 중요했지만, 생산적 소통은 사실과 논리를 기반으로 한 이성이 중심이다.

판단을 유보하는 습관, 마음챙김

다니엘 카너먼 교수는 인간의 사고 체계를 2가지로 분류해서 설명했다. 일상의 대부분은 직관적 반응에 의한 '시스템1'이 결정한다. 그러나 복잡한 이슈와 문제해결 과정에서는 분석적 사고에 의한 '시스템2'가 결정한다.

시스템1	시스템2
감정, 감각	이성, 논리
무의식, 자동반응	의식, 주의집중
빠른 판단	느린 판단
대부분의 판단	중요한 판단
직관	분석

의식적으로 집중하지 않으면, 감정적 반응과 패턴화된 결정에서 자유로울 수 없다. 대부분 자신의 욕망과 생존에 대한 반응이기 때문에 의식적으로 알아차리지 못하면 '잘못된 판단'을 하게 된다. 오랜 경험을 통해 검증된 '직관'이 아니라면 경계해야 한다.

다양한 목적의 소통과 의사결정 과정에서도 동일하게 작용한다. 자신이 오랜 시간 지켜온 생존에 유리했던 방식은 내적으로 '스키마'가 되어 강한 신념으로 작동된다. 외부 자극과 메시지가 자신의 주관적 기준에 일치하지 않은 경우 '부정적 회피 반응'을 선택할 가능성이 높다. 이것이 의사결정 스킬에서 다루었던 '인지 편향성'의 이유이다.

리더는 중요한 의사결정뿐 아니라 일상에서 다양한 판단을 내려야 하는 입장에 있다. 그러므로 개인 차원보다 더욱 합리적이며 만족스러운 의사결정을 내려야 한다. 이를 위해 '성급한 판단'을 유보하는 훈련이 필요하다. 상대방의 주장이나 메시지를 '있는 그대로 이해'하려고 노력해야 한다. 과거의 실수와 문제를 분리하고, 현재에 오롯이 집중할 수 있어야 한다. 그래야 더 나은 결정을 할 수 있다.

앞서 '감성지능의 자기인식'과 같은 맥락에서 이해할 수 있다. 합리적 판단을 방해하는 요소는 '우리의 감정'이기 때문이다. 이를 훈련하도록 돕는 것이 '마음챙김'이다. 모든 종교는 명상과 묵상, 참회 등의 이름으로 비슷한 훈련을 강조한다. 현대과학은 '마음챙김'의 유용성에 주목하고, 의학 분야 치료 과정에 접목시킨 사례도 뚜렷하게 증가하고 있다. 실리콘밸리뿐 아니라 국내 유수의 기업들에서도 직원들의 '마음챙김' 훈련을 격려하고 있다. 그 핵심은 '주의를 기울여 자신의 감정을 알아차리는 것'이다.

- 지금 여기의 경험에 대해 (과거와 미래가 아닌 지금에 주목한다)
- 판단하지 말고 (객관적 사실에 주목한다)
- 있는 그대로 받아들이기 (상대방의 좋은 의도를 신뢰하고 받아들인다)

내 마음과 감정 상태를 3인칭 관찰자 시점으로 주의를 기울여 관찰한다. 마음속에 부정적 또는 편향적 감정이 올라오면, 이를 알아차리는 훈련을 한다. 그리고 자동적 반응을 의식적으로 주의를 기울여 '스스로 조절'하는 것이다. 무의식적 감정 반응의 객체가 되지 말고, 의식적 반응을 선택하는 주체가 되는 훈련이다. '내 몸의 반응, 특히 호흡에 주의를 기울이는 것'이 효과적 훈련이 된다. 자율적 반응을 의식적으로 조절하는 훈련이 '알아차리는 능력' 향상에 도움이 된다.

사실과 의견을 구분하며 소통하기

리더는 감정적 판단보다는 이성적 사고와 분석 과정을 통해 판단하도록 노력해야 한다. '있는 그대로 이해'한 것에 대해서 객관적 사실과 주관적 의견을 분별해야 한다. 사실 여부에 대한 확인이 어렵지 않은 경우도 있지만, 모호한 경우에는 반드시 검증의 절차를 거치는 습관이 필요하다.

내가 주장하는 경우도 동일하다. 주장의 논거로 활용하는 데이터와 이론이 명확한지 스스로 질문하고 검증해야 한다. 속도는 느려지겠지만, 소통의 질은 높아진다.

검증된 지식, 구체적으로 확인한 내용, 신뢰하는 사람을 통해 들은 이야기 등을 제외하고는 일단 성급하게 오해하지 않도록 유보해야 한다. 논의 과정에서 확인이 필요하다면, 양해를 구하고 즉답을 피하는 것도 지혜이다. 출처가 모호하거나 누군가에게 전해 들은 이야기라면 검증 절차가 필요하다. 추가 정보를 수집하고 검증하기 위해 시간을 할애해야 한다. 상대방의 입장에서 소명이나 해명할 수 있는 절차를 공식적으로 제공하는 것도 좋다.

퍼실리테이터 역할 경험하기

참여적 의사결정과 문제해결을 위한 미팅 또는 워크숍 진행을 자주 경험해 보길 추천한다. 다양한 사람들이 참여한 가운데 일상적인 회의 운영을 매끄럽게 진행하도록 경험해 보는 것도 좋다.

퍼실리테이터는 예정된 시간 동안 최종 결과물을 만들어 내기까지 목적과 방향성을 관리해야 한다. 정보를 공유하고 참석자들의 참여를 유도하기 위한 역할을 수행한다. 참석자들의 소통 과정에서 모호한 부분이 있다면 적절한 방식으로 개입해서 명확성을 확보한다. 상대방을 존중하는 방식으로 다양한 의견 대립과 이해 충돌 속에서 합의를 이끌어내는 과정을 경험해 볼 수 있다. 그리고 집단이 함께 난해한 문제를 해결하는 과정 속에서 집단지성도 경험할 수 있다. 퍼실리테이터는 공동의 목표 달성을 위한 공식적 권한을 부여받기 때문에, 리더십 발휘를 경험할 수 있는 훌륭한 기회가 된다.

프레젠테이션 경험하기

미국 심리학회 조사 결과 인간이 느끼는 두려움에는 죽음, 실직, 사랑하는 사람과의 이별, 사업 실패, 거미 등이 있었다. 놀라운 점은 '무대공포증'이 1위라는 사실이었다. 많은 사람들 앞에서 자신의 생각과 감정을 밝히는 발표를 매우 부담스럽게 생각한다는 것이다.

리더 역할을 수행하는 과정에서 여러 사람 앞에서 말해야 하는 경우가 종종 발생한다. 객관적 정보를 공유하는 경우도 있지만, 설득과 참여 유도를 위해 스피치를 해야 할 때도 있다.

성공적 프레젠테이션을 위해서는 목적과 대상, 상황을 고려한 치밀한 계획이 필요하다. 가장 중요한 것은 '반복과 리허설'이다. 무대공포증 극복에, 많은 경험을 해 보는 것보다 좋은 방법은 없다. 제안 발표, 프로젝트 결과 보고, 사내강사 등의 역할을 주도적으로 경험해 보기를 권한다.

협업 프로젝트
경험 만들기

협업 프로젝트란 무엇인가?

협업이란 상호 의존성을 가진 구성원들이 각자의 전문성을 바탕으로, 역할과 책임을 나누어 지고 팀을 통해 낯선 문제를 해결해 가는 과정으로 볼 수 있다. 같은 영역의 전문가들로 구성되기보다, 서로 다른 분야의 전문가들이 함께 참여할 때 더욱 매력 있다.

예를 들어, 한 명의 환자를 치료하기 위해서 의사, 약사, 영양사, 물리치료사, 간호사 등의 의료 전문가들이 한 팀을 이루어 종합적인 치료와 회복 방안을 논의하고 함께 노력하는 모습을 생각해 볼 수 있다. 또는 회사에서 전 직원의 대규모 단합 행사를 치르기 위해서 내부의 인사, 영업, 생산 부서와 외부의 공연기획자, 행사진행자, 여행사, 단체급식회사, 공연예술가, 촬영담당자 등이 함께 협업하는 모습을 떠올려도 좋다.

공통점은 팀을 통해 낯선 문제를 해결해가는 프로젝트 과정이다. 프로젝트란 계획된 시간 안에 목표하는 과업을 완수하는 한시적인 작업을 말한다. 프로젝트는 다음과 같은 공통 속성을 가지고 있다.

- 구체적인 목표를 달성하기 위해 시작되었다.
- 결과물은 이전에 동일한 것이 없는 유일한 것이다.
- 투입 자원인 인력, 예산, 시간 등이 한정되어 있다.
- 시작과 끝이 분명하다.
- 초기 단계의 모호함이 시간이 지날수록 구체화된다.

프로젝트는 기존에 없었던 것을 새롭게 창조하는 과정으로, 일상적인 과업과 달리 난도가 높다. 그러므로 기존의 관점과 전문성을 가지고 성공적으로 완수하기 어려운 경우가 많다. 자연스럽게 외부의 도움이나 해당 분야의 전문성을 가진 사람들이 함께 참여하는 '협업' 형태로 진행되곤 한다.

프로젝트 멤버로 참여하기

우리에게 익숙한 세계적인 컨설팅 회사의 커리어는 노동시장에서 매력도가 높다. 왜냐하면, 다양한 산업 분야에서 새로운 문제를 해결해왔던 과정에서 습득한 '팀을 통한 문제해결 능력'을 갖추었다는 가정 때문이다. 실제로 컨설팅 회사에서의 1년 경험은 일반 기업에서의 3년 이상 경력에 준하는 대우를 받는다. 그만큼 고강도의 몰입된 경험을 통해 성과를 만들어내야 하기 때문이다.

실제로 일상적인 운영은 정해진 프로세스와 매뉴얼에 의존하기 때문에 시간이 지나면서 자연스럽게 숙련도가 높아진다. 하지만 그 기준을 수정하거나 새로운 내용을 만드는 과정은 훨씬 높은 수준의 노력과 전문성이 요구된다. 바로 이 작업이 프로젝트의 영역이다.

프로젝트는 짧은 기간 동안 고도의 집중력을 발휘해서 함께 낯선 문제를 해결하는 과정이다. 적어도 2명 이상의 사람들이 '무에서 유를 창조'하는 과정이다. 다양한 이해관계자들이 만족할 만한 결과물을 도출하기 위해서, 프로젝트 구성원 모두는 각자의 몫을 담당하는 것을 넘어 생산성 높은 팀워크를 발휘해야 한다. 이 과정에서 '모호함'을 '구체적 결과'로 만들어낸다.

디지털세상에서는 프로젝트 방식으로 과업을 추진해야 하는 상황이 더욱 증가하게 된다. 이를 미리 경험해 보는 것은 매우 효과적인 학습 전략이다.

기회가 된다면, 다양한 프로젝트 참여 기회를 적극적으로 찾아보기 바란다. 이를 통해 진짜 팀은 어떻게 일하는지를 경험할 수 있다. 그리고 체계적인 문제해결 프로세스를 배울 수 있다.

팀원으로 참여하는 경우, 전체 일정과 산출물 관리 등을 지원하는 역할을 지원해도 좋다. 훌륭한 팔로워십을 발휘할 수 있고, 프로젝트와 팀 전반에 대한 이해를 높이는 데 도움이 된다. 이 과정에서 주목할 부분은 함께 프로젝트에 참여하는 리더와 동료들을 벤치마킹하는 것이다. 그들은 어떻게 데이터를 파악하고, 가치 있는 정보로 구조화하고, 효과적으로 전달과 설득을 진행하는지에 대한 세심한 관찰이 필요하다.

프로젝트 매니저로 참여하기

프로젝트 팀의 목표 달성을 책임지는 프로젝트 매니저(이하 PM)는 실질적인 리더이자 팀장이다. 그래서 공식적인 리더십을 경험할 수 있는 매우 좋은 경험이 된다. PM은 프로젝트의 납기, 품질, 원가 측면의 요구사항을 충족시키며 산출물을 도출해야 한다. 즉 프로젝트 전반에 대해 관리하는 책임과 권한을 갖게 된다. 구체적으로 살펴보면 다음과 같다.

첫째, PM은 프로젝트 성공을 위한 전반적인 관리를 책임진다.

관리는 계획, 조직화, 지휘, 조정, 통제의 5가지 활동을 의미한다. 이를 쉽게 요약하면, 계획한 목표가 구체적 실행을 통해 달성되도록 개입하는 활동을 책임진다는 의미이다. 이때 너무 미세 관리를 할 경우, 구성원들은 자율성이 줄어들고 리더의 개입을 간섭이라고 느낄 가능성이 있다. 반대로 광범위한 권한 위임을 하고 관심과 지원이 부족한 경우, 구성원들은 무관심 또는 방치로 생각할 수 있다. 그러므로 PM은 계획과 조직화 과정에 구성원들이 참여할 수 있도록 도와야 한다. 이후 실행 과정에서는 프로젝트 현황에 관심을 갖고 꾸준히 관찰하는 것이 필요하다. 이를 토대로 꼭 필요한 시점에 적절한 방식으로 지휘, 조정, 통제 등의 개입을 해야 한다.

둘째, 프로젝트의 수명을 관리한다.

일반적으로 착수단계와 계획단계, 실행단계, 종료단계로 총 4단계를 기반으로 관리한다. 각 단계별로 관리의 초점이 달라진다. 착수와 계획단계에서는 모호함을 줄이고 명확성을 높이기 위해 충분한 자원을 투입해야 한다. 실행단계에서는 진척도 관리와 이슈 처리, 변경사항에 대한 민첩한 대응과 소통을 담당한다. 종료단계는 최종 산출물의 품질을 높이고, 결과 보고와 적용 그리고 평가를 위한 활동을 한다.

셋째, 프로젝트의 9대 영역을 관리한다.

프로젝트 규모에 따라 각 영역의 관리 담당자를 선정하여 위임할 수 있다. 그럼에도 프로젝트 성공을 책임지는 것은 PM이므로, 전반적인 통합 관리에 관심을 갖고 필요시 적합한 개입을 해야 한다. 하위 관리 영역을 살펴보면, 실질적인 리더의 역할 수행에 필요한 매니지먼트 영역을 빠짐없이 경험할 수 있다.

PM 혼자 완료할 수 없는 활동들이 많으므로 구성원들의 참여를 통해서 계획을 도출하고 실행하는 부분이 많다. 결국 PM이 발휘하는 행동의 모습은 회의와 면담 그리고 설명과 설득 등의 소통과정으로 볼 수 있다.

구분	관리 영역	관리 초점	세부 내용
핵심영역	범위 관리	무엇을 포함하고, 무엇을 배제할 것인가?	추진 범위 구체화, 작업분류체계 (WBS) 작성, 범위 통제
	일정 관리	계획된 시점까지 어떻게 종료할 것인가?	추진 일정 상세화, 소요 기간 및 자원 추정, 일정 개발 및 관리
	비용 관리	제한된 예산 내에서 어떻게 집행할 것인가?	비용 추정 및 계획, 예산 집행 통제
지원영역	품질 관리	요구한 품질을 어떻게 충족할 것인가?	품질 수준 계획, 품질 검수 및 통제
	인력 관리	인력의 생산성은 어떻게 확보할 것인가?	인적자원 계획, 인력 충원, 육성 및 몰입 관리
	의사소통 관리	필요한 정보는 어떻게 제공할 것인가?	소통 계획, 정보 공유, 정기 보고, 이해관계자 관리
	위험 관리	식별된 위험에 어떻게 대응할 것인가?	리스크 분석 및 평가, 대응 계획, 리스크 모니터링 및 통제
	조달 관리	필요한 자원은 어떻게 조달할 것인가?	구매계획, 적합한 공급처 발굴, 계약 관리, 자원의 품질/납기/인도 관리
	통합 관리	관리 영역 간 상호 연동은 어떻게 확보할 것인가?	프로젝트 현장, 프로젝트 변경 관리

정리하자면, 프로젝트에 PM으로 참여하는 경험은 실질적인 리더 역할을 수행하는 것과 동일하다. 어쩌면, 기존 조직의 리더가 되는 것보다 훨씬 어려운 경우도 적지 않다. 리더십을 개발하기 위한 과정이라면, 작은 규모의 다양한 프로젝트 도전으로 훌륭한 경험을 축적할 수 있다. 다시 강조하지만, 최대한 많은 경험을 해 보는 것보다 좋은 리더십 역량 개발 방법은 없다.

5

경험을 통해 학습하는
성찰 습관 만들기

학습민첩성이란?

글로벌 유수 기업에서 높은 성과를 달성한 분야별 리더 수백 명을 대상으로 심층 면접을 실시한 결과, 그들의 공통적 특성으로 나타난 것이 '학습민첩성'이었다. (롬바도와 아이칭거, 2000년)

학습민첩성Learning Agility이란, 처음 마주하는 새로운 상황에서 경험을 통해 배우고 그렇게 배운 것을 성과 창출에 적용하려는 의지와 능력을 의미한다. 학습민첩성이 뛰어난 리더들의 공통적 행동 특징은 다음과 같았다.

- 끊임없이 새로운 것에 도전한다.
- 직접적인 피드백을 구한다.
- 처음 경험하는 상황에서도 비판적으로 사고한다.
- 다양한 사람들과 잘 어울리며 일한다.
- 변화하는 상황에서도 자신의 임무를 성공적으로 수행한다.

반면 학습민첩성이 부족한 사람은 위의 5가지 행동이 부족할 뿐만 아니라, 다음과 같은 특징을 갖는다.

- 방어적 태도: 타인의 피드백을 모욕과 부끄러운 것으로 인식하고 이를 거부하거나 방어적 태도를 보인다.
- 위험 회피: 실패에 대한 두려움으로 애매하거나 불확실한 것을 회피하고 안전지대에 머물려는 경향이 강하다.
- 고지식함: 과거 자신의 경험과 생각에 지나치게 의존하고 새로운 변화에 유연하게 대응하지 못한다.

연구에 따르면, 성공적인 리더는 지능이 뛰어났기 때문이 아니라 빠르고 효과적으로 학습하는 능력이 뛰어났기 때문이라고 강조했다. 경험을 통해 학습하는 능력은, 성공하는 리더와 그렇지 못한 리더를 구분 짓는 매우 중요한 차이점이라는 인식이 더욱 확산되었다.

반면 실패하는 리더의 경우, 과거에 많은 성공 경험과 다양한 직무 경험을 갖고 있음에도 불구하고 자신의 직무와 경험으로부터 의미 있는 학습을 하지 못했기 때문에 실패한다고 지적했다.

디지털세상은 학습 의지와 개방성을 갖춘 사람, 복잡한 전략을 유연하게 실행할 수 있는 인재를 필요로 한다. 학습민첩성 연구를 주도한 롬바도와 아이칭거는 핵심 인재란 곧 민첩한 학습자라고 강조했다. 결국 학습민첩성은 훌륭한 리더로 성장하기 위해 갖추어야 할 중요한 역량이라고 볼 수 있다.

그렇다면 학습민첩성은 어떻게 높일까?

첫째, 지적 호기심을 강화해야 한다. 기존의 업무 방식으로도 가능하지만, 좀 더 나은 방법이 없는지 스스로에게 물어보거나 새로운 방법을 탐색하는 것을 즐겨야 한다.

둘째, 성찰 단계를 필수로 실행한다. 배운 것, 경험한 것, 실행한 것을 되짚어 보고 복기Reflection하는 과정을 반드시 거쳐야 한다. 개인과 팀, 조직 차원에서 모두 필요하다.

학습민첩성을 높이기 위한 정보관리

빠르게 변화하는 환경에서 자기 분야의 전문성을 확보하기 위해서는 호기심을 가지고 평소에 꾸준히 관찰하는 습관이 필요하다. 왜냐하면, 현재까지 유효했던 방식이 더 이상 효과적이지 않게 되는 변곡점은 예고 없이 나타나기 때문이다.

전문가들은 미세한 차이를 분별하는 감각을 갖고 있다. 예를 들어, 소믈리에나 요리사는 미각과 후각이 탁월하다. 생산현장의 엔지니어도 마찬가지다. 평소와 조금 다른 기계 소음을 듣고도, 이상 유무와 근본 원인을 빠르게 파악해낸다. 수많은 경험과 정보들을 축적하여 자기만의 기준을 정

립했기 때문이다.

학습민첩성을 높이기 위해서는 정보를 수집하고 분석한 후 효과적으로 활용하는 프로세스를 습관화하는 과정이 필요하다.

첫 단계는 관심 정보의 수집이다.

트렌드, 경쟁사, 고객 등 다양한 정보를 수집하는 것을 말한다. 특히 트렌드 관련 정보 수집은 고객보다 한발 앞서기 위해 반드시 필요하다. 국내외 대부분의 자료에 대한 접근 가능성이 높아졌기 때문에 이를 정기적으로 수집하고 정리하는 습관이 필요하다.

트렌드 정보를 수집하기 위한 채널

- 정기 구독
  - 주요 전문기관(관련 업계, 학회, 정부 등) 뉴스레터 정기 구독
  - 전문서적 정기 구독, 회람
- 외부 컨퍼런스 등 참여
  - 국내외 컨퍼런스 참가 (온라인, 오프라인)
  - 업계 담당자 커뮤니티 참석 (반기, 분기 등)
- 팀 내 활동
  - 팀 차원에서 업계 동향에 대한 개인별 수집된 자료를 축적하는 공유 공간 마련, 정기 공유회
  - 외부 교육 참가 결과 자체 공유회 실시 등
- 기타
  - 장비/원재료 등 유관업체 담당자를 통한 소식 경청
  - 주요 카페, 블로그 RSS 피드 세팅 (정기 업데이트 자동 메일링)

이와 더불어 리더 역할 수행과 집단의 전략적 방향에 영향을 미치는 외부의 영역까지 꾸준히 경계를 확대해야 한다. 복잡하게 연결되어 있는 디지털세상의 특징을 고려해, 정치와 경제 그리고 사회, 과학기술 분야까지 정보 수집의 범위로 생각해 볼 수 있다.

그리고 빼놓을 수 없는 부분이 이해관계자의 변화이다. 그들의 입장 변화에 영향을 미치는 주요 관심사를 모니터링해야 한다. 평소의 관심을 갖고 관찰해야, 민감한 변화를 빠르게 포착할 수 있음을 기억하기 바란다.

두 번째 단계는 정보 분석이다.

최신의 유효한 정보들을 수집하더라도, 이를 제대로 해석하고 의미를 도출할 수 있어야 한다. 수집한 정보에 대한 인과관계와 상관관계를 파악하고, 패턴과 증감 그리고 요인을 분석할 수 있어야 한다.

일단 정보 해석 과정에서 현상을 빠르게 이해하는 것이 첫 단계이다. 이것이 시사점Implication이다. 그 내용은 향후 예측과 대응에 활용한다.

예를 들어, A 리더는 ESG경영을 기업신용 평가에 적용할 것이라는 정책 기사를 확인하였다. 분명 우리 조직도 정책의 영향을 받을 예정이므로, 잠재적 비용을 줄이고 기회를 선점하기 위해 빠르게 도입을 준비할 필요가 있다고 판단했다. 실무자들과 세부 사항을 파악한 후 단계적 도입을 위한 로드맵을 수립하도록 요청했다.

분석 과정에서 가장 나중은 '간결하게 개념화'하는 것이다. 개개의 분석 결과를 토대로, 구체적으로 어떤 의미인지를 통합하는 과정이다. So what? 수집한 정보에 대해서 한 문장으로 요약하는 연습을 추천한다.

세 번째 단계는 정보 활용이다.

분석 과정을 통해 도출한 시사점은 상황을 해석하거나 의사결정을 위한 근거로 활용한다. 리더십 역량 개발을 목적으로 진행하는 과정에서 습득한 정보를 직접 활용하지 않는 경우라도, 유용한 구성원 또는 이해관계자에게 공유하는 활동을 습관화해 보기를 권한다. 이해관계자들에게 가치를 제공하기 위해 노력한다는 메시지와 더불어, 전문성 향상을 위해 끊임없이 노력하고 있음을 보여 줄 수 있다.

새로운 시도와 빠르게 실행하기

낯선 상황을 극복해서 익숙한 것으로 만드는 과정에서 학습이 가장 많이 일어난다. 상황과 일하는 방법을 낯선 관점으로 바라보지 않는다면 '학습할 기회'가 적다는 것을 의미한다. 낯설게 바라보는 것과 비슷한 것이 '비판적 사고'이다. 모두가 당연하다고 받아들이는 공통 가정과 신념에 대해서 '질문'을 던지는 것이다. 마치 조직의 변화 아젠다를 발굴하는 과정과 비슷하다. 실제 리더로 성장하기에 가장 좋은 경험은 '변화 상황'이다.

새로운 아이디어를 구체화했다면, 생각에 머무르지 않고 빠르게 적용할 필요가 있다. 실제 적용해 보면, 계획단계에서 예상하지 못했던 이슈들이 발생할 수 있다. 완벽한 계획으로 실행하기보다는, 일부 부족함이 있더라도 재빨리 실험하고 이슈를 해결함으로써 더 나은 품질의 결과를 만드는 것이 효과적인 전략이 된다. 바로 애자일Agile 방식이다.

아이디어의 구체적인 실행을 통해서 결과를 확인하고, 다시 개선과 보완의 과정을 통해서 완성도를 높여가는 방식이다. '마라톤'에 비유하자면, '단거리 주자Sprinter'가 경기하는 모습으로 바꾸는 셈이다. 짧은 시간 폭발적인 몰입과 스피드로 승부수를 던지고, 휴식과 함께 성찰 과정을 통해 다시 달리는 모습을 떠올려도 좋다. 예를 들어, 신제품을 개발하는 프로세스를 돌리는 데 소요되는 1사이클의 주기를 최소화하는 것이다. 여러 차례 사이클을 돌려서 최적화된 제품을 양산할 수 있다는 가정을 바탕으로 한다.

경험을 가치 있는 지식으로 만드는 성찰하기

우리는 진학과 취업, 자격 취득과 승진 등 삶의 중요한 관문을 통과할 때가 아니면 '공부'에 에너지를 많이 투입하지 않는다. 장기간의 어려운 공부를 마친 후 바쁜 일상에 매몰되면 '이론과 현실'은 언제나 괴리된 것으로 오해할 가능성이 높다. 왜냐하면, '시험을 통과하기 위한 기억력'에 의존했던 지식들은 대부분 딱딱한 '개념의 이해'에 초점을 둔 것이기 때문이다. 그러나 '검증된 지식이나 이론'도 구체적 시행착오의 경험과 연구 결과물이라는 점에 주목해 볼 필요가 있다.

이런 관점에서 볼 때, 성인이 되어 '비슷한 일상'이 반복되더라도 자산이 쌓이는 것이 있다. 재무자산이 아닌, 삶의 다양한 경험이다. 누구나 예외 없이 갖게 되는 '선물' 같은 보물이 분명하다. 다만 '날것의 원석'이다. 훌륭한 값어치를 지닌 것은 맞지만, 보석으로 가공하는 노력이 '가격'을 결정하게 된다.

그 기술은 누구나 어렵지 않게 배울 수 있다. '구체적 경험'을 돌아보고 의미를 부여하는 성찰의 과정이 핵심이다. 이를 구체적으로 제시한 것이 콜브Kolb의 경험학습 모델이다. 콜브는 일상의 경험을 훌륭한 지식으로 만드는 과정을 4단계로 제시했다.

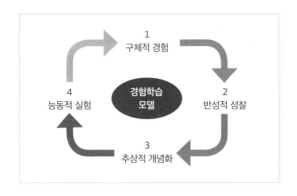

1단계는 구체적 경험 Concrete Experience **단계이다.**

구체적인 일상의 다양한 경험을 의미한다. 주로 낯설고 어려운 문제를 접할 때, 훌륭한 지식을 얻을 수 있는 기회로 볼 수 있다. 언제, 어디서, 무엇을, 왜, 어떻게, 그 결과는 무엇인지에 대한 상황을 충분히 떠올릴 수 있다면 훌륭한 원석을 잘 채취한 셈이다. 중요한 경험이라 판단되면, 기억에 의존하기보다는 꼼꼼히 기록하는 것을 추천한다. 더러는 고전과 사회적 이슈 등 타인의 경험을 빌려오는 것도 가능하다. 인간의 탁월함은 '관찰학습'과 '모방학습'을 통해 타인의 것도 자신의 경험처럼 활용할 수 있다는 점이다.

2단계는 반성적 성찰 Reflective Observation **단계이다.**

구체적 경험에 대해, 당시의 모습들을 거울에 비추어 보듯 돌아보는 사고의 과정이다. 마치 3인칭 전지적 관찰자 시점에서 당시 상황을 새롭게 해석하는 단계이다. 만약 동일한 일을 다시 하게 된다면, 무엇을 개선하거나 지속해야 할지 스스로 질문한다. 당시의 시간적 흐름과 사건의 변화 과정에 어떤 변수가 중요했는지를 도출해 볼 수 있다. 또는 추가적으로 어떤 도움이나 개입이 있었더라면 도움이 될지에 대해서도 생각해 볼 수 있다. 더러는 당시의 상대방 입장에서 어떤 감정과 기대가 있었는지를 생각해 볼 수 있다. 이처럼 새로운 관점에서 다양한 질문을 던져 보는 것도 좋다. 이미 지난 경험이지만, 이를 잘게 나누는 '미분' 과정을 통해서 새롭게 조합하는 '통합과 적분'을 해 볼 수 있다. 하나의 구체적 경험에서 다양한 교훈을 추출할 수 있다.

3단계는 추상적 개념화Abstract Conceptualizing 단계이다.

훌륭한 성찰 과정에서 추출한 '의미'를 토대로 나름의 '지식'을 정립하는 과정이다. 과거의 경험과 똑같은 상황이 재현될 가능성은 생각보다 적겠지만, 그 원리를 중심으로 접근해 보면 매우 폭넓게 적용할 수 있다. 앞선 경험은 매우 구체적 상황이었지만, 이 중 핵심적인 내용을 압축하고 추출하게 되면 '추상적 개념'으로 활용 가치를 높일 수 있다. 비슷하거나 유사한 상황에 폭넓게 적용 가능한 나름의 '원리와 원칙'에 대한 나만의 문장을 가설적으로 만들 수 있게 된다.

예를 들어, 프로젝트 실패 경험에서 그 원인이 초기의 승인자와 실행자 사이의 목표 인식이 달랐다는 점을 알게 되었다. 이를 추상적으로 개념화한다면, '대부분의 프로젝트 성공을 위해서는 초기 단계에서 이해관계자와 함께 끝 그림을 공유하기 위해 노력해야 한다'는 것을 향후 프로젝트 추진 원칙으로 정립하게 되는 것이다.

4단계는 능동적 실험Active Experimentation 단계이다.

성찰 활동을 통해서 정립한 추상적 개념은 '검증의 단계'가 필요하다. 마치 연구가설을 실제 적용하는 단계를 통해서, 논리적 모순이 없음을 입증하는 것과 비슷하다. 비슷하거나 유사한 상황에 새롭게 적용해 보는 것이다. 이후에 동일한 '성찰' 단계를 통해서 미세한 수정 보완을 하게 되면, 추상적 개념에 대한 완성도와 정교함이 높아진다. 조금씩 새로운 상황에 적응하는 '실험과 새로운 시도'를 통해서 그 방법과 원리를 최적화하게 된다. 마치 '시행착오' 과정을 통해 '지식'을 정교화하는 것과 동일하다.

[경험학습 모델 적용 사례]

유튜브에서 백종원 대표의 '콩나물무침' 동영상을 시청하면서 처음으로 요리를 해 보는 상황이다. 처음부터 할 수 없으니, 구분된 단계로 설명을 꼼꼼히 적용한다. 먼저 콩나물을 다듬고, 데치고 그리고 양념을 하는 단계를 거쳤다. 낯선 상황이라 정말 익숙하지 않았다. 그래도 예전에 먹던 맛을 느낄 수 있어 나름 결과에 만족할 수 있었다.

저녁에 요리 경험을 노트에 단계별로 기록해보았다. 조금 부족했던 부분은 무엇이고, 잘된 것은 무엇이었는지를 꼼꼼히 기록해본다. 역시 비린 맛이 나지 않도록 데치는 것이 중요했다. 양념을 할 때 순서가 매우 중요했다.

곰곰이 생각해보니, 시금치와 고사리, 무나물을 무치는 경우도 동일한 원리가 적용될 수 있다는 점을 깨닫게 되었다. 데치는 방법과 양념을 넣는 순서와 간을 맞추는 것이 비슷했다.

다음 날 '시금치 무침'을 새롭게 시도해보았다. 완벽하지는 않지만, 나름 성공했다. 재료의 특징을 고려해서 데치는 시간을 조금 조절하면 되겠다는 점을 깨닫게 되었다. 그리고 '무나물'과 '고사리' 무침을 차례로 성공하면서 '무침류'에 대한 자신감을 얻었다.

계속 요리를 하면서 다시 한번 깊이 생각해보니, '한식 요리에 공통적으로 사용되는 핵심 양념과 야채가 있다는 것을 발견'했다. 이후 '조림류'와 '구이류' 그리고 '탕류'까지 영역을 계속 넓히게 되었다.

경험 속에서 훌륭한 원리를 도출하는 과정은 '지속적인 성장'을 이끌어 낸다. 전혀 다른 맥락이며 동일성은 낮지만 '유사성과 구조와 원리'에 주목하는 '추상적 개념화' 과정은 적용 범위가 매우 넓다.

디지털 세상의 근본 원리는 0과 1이라는 2진법이다. 복잡한 것들을 잘게 미분하면, 동일한 공약수를 발견할 수 있다. 이를 새로운 순서와 구조로 변경하면, '점'이 '선'이 되고 '면'과 '입체'로 충분히 확장과 변용이 가능하다. 이게 바로 '창의성'이다. 일상의 경험을 '낯설게 바라보는 관점과 깊이 돌아보는 성찰'에 대한 습관을 강력하게 추천한다.

이를 효과적으로 돕는 것이 '자신의 일지'를 작성하는 습관이다. 매일 또는 매주도 좋다. 값진 경험을 지식으로 만들기 위해 정기적으로 일기나 블로그를 작성해도 좋다.

리더십 역량 개발
계획 수립 방법

6

첫째, 앞으로 되고 싶은 리더의 모습을 구체적으로 묘사한다.

중장기 관점에서, 도달하고자 하는 끝 그림을 생생한 이미지로 떠올릴 수 있다면 더욱 좋다. 내가 하는 일과 조직의 특징을 기반으로, 롤모델을 선정하여 모습을 구체화하는 것도 방법이다. 예를 들어, 집단과 구성원 모두의 원원을 지속 가능하도록 이끄는 리더가 되는 것이다.

둘째, 역량 개발 목표의 수립이다.

본 과정에서 학습한 바와 같이, 탁월한 집단을 이끈 리더의 핵심 역할 3가지와 기반 스킬 2가지와 관련한 역량 중에서 목표를 선정한다. 역량 개발 목표는 영역별 구체적인 지식과 스킬 중에서 선정한다. 예를 들어, 구성원의 몰입을 위한 측면에서 '면담 스킬'을 역량 개발 목표로 선정할 수 있다.

셋째, 실천 계획을 구체화한다.

역량 개발 목표 달성을 위해, 무엇을 언제까지 얼마나 실천할지 작성한다. 최종 달성 수준뿐 아니라, 이를 이끌어내는 과정이 구체적으로 반영되어야 충실한 계획이 된다. '그래서 뭘 할 거야?'라는 질문에 대한 답변을 작성한다. 예를 들어, 매월 후배 1명과 면담을 진행하고 그 결과에 대한 성찰 일지를 작성한다.

내가 되고 싶은 리더	집단과 구성원 모두의 윈윈을 약속하고 지키는 리더				
역량 개발 필요 영역	**역량 개발 목표**	**실천 활동**	**주기/빈도**	**기한**	**점검 방법**
목표 달성	프로젝트 관리 스킬	PM 교육 학습 PM 실제 경험	연1회/총2회 1회	202x. 12. 30. 202x. 6. 30.	수료증 결과보고서
구성원 몰입					
프로세스 문화구축 변화관리					
의사소통 스킬					
의사결정 스킬					

계획을 수립하는 것보다 정기적으로 모니터링하는 것이 중요하다. 계획대로 잘 실행하고 있는지 돌아보고, 수정과 보완에 대한 부분을 발굴하고 최적화해 '좋은 습관'으로 만드는 것에 초점을 두어야 한다.

자기개발 실천 점검 습관(Tracking & Monitoring)

혈압 관리에 대한 목표가 명확한 경우, 매일 아침 혈압을 정기적으로 측정하고 기록한다. 목표한 정상 범위와 현재 수준의 차이를 파악하고, 필요한 조치를 취한다. 만약 정상보다 높은 수치가 나올 경우 약을 먹거나 급히 병원에 방문할 수도 있다.

탁월한 성과를 보여주는 배우들의 공통적 특징 중 하나는, 자신이 출연한 작품에 대한 모니터링이었다. 스스로 하는 것과 별도로 지인들에게 요청하면서까지 꼼꼼히 관찰하고 개선 요소를 반영한다. 불편하고 힘들지만, 자주 거울을 보는 셈이다.

이처럼 '리더십 개발을 위한 자기개발 계획 점검'을 자연스러운 루틴으로 만드는 것이 필요하다. 목표를 수립한 시점부터 현재까지 꼼꼼히 기록하는 것을 병행하면 더욱 효과적이다. 그 변화의 추이를 확인하며 성취감도 느끼고 동기부여도 할 수 있다. 계획한 것을 달성할 때는 자신에게 보상하는 것도 좋다. 리더십 개발의 여정은 마치 자신의 이야기Story를 적는 여정과 같다. 켜켜이 쌓인 기록들이 훌륭한 역사History가 될 것이라 믿는다.

유태인 탁월한 성취의 비결은 그들의 학습 방법인 하부르타에 있다고 한다. 방법은 간단하다. 두 사람이 짝을 지어서 토론하는 방법이다. 그들은 '말할 수 없으면 모른다'고 단호하게 강조한다. 이 과정을 통해 서로의 관점을 확대하고, 공감과 논리적 주장을 상호 수용하는 훈련을 할 수 있기 때문이다.

리더십을 개발하는 여정에도 누군가의 도움이 꼭 필요하다. 기회가 된다면, 믿고 따를 수 있는 멘토 같은 분과의 정기적 만남과 대화의 기회를 가져 보기를 권한다. 도움을 요청할 때, 거절하는 경우는 거의 없다. 계획한 것과 실천하고 변화하는 과정의 성취와 어려움을 공유하고, 조언을 요청해 보라.

훌륭한 리더가 되기 위한 긴 여정을 마무리하고자 한다. 집단의 구성원이 함께 바라는 목표 달성 여정을 돕는 리더 역할은 언제나 부담스럽고 어려운 일이다. 하지만 두 사람 이상이 마음을 합하여 이루는 가정을 포함해 모든 집단에는 리더가 존재한다. 심지어 철저히 주관적인 내 인생에서 삶의 행복을 목표로 스스로가 주도적인 리더가 되어야 한다. 우리는 모두 리더의 숙명에서 자유롭지 못하다.

정해진 삶의 객체로 살 것인지, 아니면 꿈을 현실로 만들어가는 능동적 주체가 될 것인지는 오로지 나의 책임이다. 탁월한 성과를 만들어낸 훌륭한 리더들이든, 만족스러운 삶을 살아간 개인이든 모두 비슷한 특징을 발견하게 된다. 그들은 모두, 이미 오래전부터 조금씩 그리고 꾸준히 훌륭한 리더로서의 행동을 자연스러운 습관으로 실천해왔다. 함께한 학습 여정을 통한 경험이, 자연스러운 습관으로 잘 자리 잡기를 응원한다.

에필로그

리더십은 '더 나은 삶'에 대한 강한 열망을 현실로 구체화하는 여정을 도와준다는 사실을 인식했으면 좋겠다. 궁극적인 목표를 달성하는 것뿐 아니라, 그 과정에서 발견하는 시행착오의 경험도 소중한 성과라는 점을 말하고 싶었다. 경험은 가공되지 않은 귀한 원석이다.

훌륭한 자원들이 쌓이기 시작하면 잠시 멈추어 다시 돌아보고, 자신의 언어로 정리하는 과정을 통해 유용한 지식을 추출할 수 있다. 타인과의 공감과 합의를 통해 그 가치를 더욱 키우게 되면 진짜 보석이 된다. 상상이 현실로 구현될 수 있다.

이 시대를 살아가는 사람들은 외로운 섬처럼, 각자의 고립된 동굴 속에서 불안에 떨고 있다. 막연한 미래 때문에, 선물 같은 현재에 집중하지 못하고 있다. 생존을 위한 최선의 선택이 모두에게는 최악의 선택이 된다는 '죄수의 딜레마'를 기억했으면 좋겠다. 낯설고 어색하지만, 탁 트인 광장으로 나와 타인과 소통하고 협력하는 기회가 증가하기를 바란다.

각자의 언어와 가치, 생활양식으로 발생되는 혼돈과 갈등은 반드시 극복해야 하는 홍역일 뿐이다. 이미 훌륭한 백신과 치료제를 갖고 있으니 걱정할 필요는 없다. 먼저 마음을 열고 상대방에 주목하면, 공통의 분모를 찾을 수 있다. 거기서부터 시작할 수 있다. 공동의 목표를 효율적으로 달성해 나가면서도, 각자의 개성을 있는 그대로 인정할 수 있다. 초기의 목표를 넘어, 지속 가능한 집단과 공동체의 바람직한 문화도 만들 수 있다.

아주 오래전 고대인이 알려준 변하지 않는 최고의 생존 전략은 집단을 통해 협력하는 것이다. 단기적 관점에서 장기적 관점으로 시선을 넓혀야 한다. 자외선과 적외선 넘어 존재하는 수많은 빛을 분별하려면, 눈앞의 이기적 욕망 앞에 눈을 감아야 한다. 그래야 진짜 소중한 것을 볼 수 있다.

이렇게 소중한 집단의 외연을 조금씩 넓혀가면, '더 나은 세상'에 수렴할 것이다. 우리 모두가 바라는 그 방향을 돕는 힘이 리더십이다. 리더십 개발은 이 책을 덮는 순간부터 시작이다. 리더십을 아는 것이 아니라, 실천하는 것이 중요하다. 자연스러운 우리의 '관점과 습관'으로 뿌리내리기를 바라며, 그 여정의 성공을 응원한다.

<표 및 그림 출처>

17p   https://www.warmemo.or.kr/front/ebook/magazine/202107/memorial1.html

21p   https://www.nfl.com/photos/best-photos-of-vince-lombardi-0ap3000001033454)

25p   http://www.kenblanchard.co.kr/product-sl.html

40p   https://youtu.be/2nT29go8vGs

53p   https://www.ccl.org/articles/leading-effectively-articles/70-20-10-rule/

79p   https://pixabay.com/illustrations/kanban-work-process-to-organize-5885395/

151p   https://pixabay.com/vectors/work-load-productivity-mechanism-7006007/

161p   https://loganbaaseportfolio.weebly.com/the-power-of-conformity.html

188p   https://about.gitlab.com/company/culture/all-remote/informal-communication/

246p   https://www.uschamber.com/co/start/startup/what-is-a-c-corporation

253p   https://dotmocracy.org/

270p   https://unsplash.com/photos/VpcgTEKerEQ

275p   https://unsplash.com/photos/uftqFbfWGFY

295p   https://unsplash.com/photos/s9CC2SKySJM

<참고 문헌>

• 김성남(2017). "지식의 시대 가고 '데이터 학습'의 시대 인재교육", DBR

• 김완석(2016). "과학명상", 커뮤니케이션북스

• 박정열, 김진모(2019). "지식근로자의 일터학습민첩성 진단도구 개발", HRD연구. Vol 21. 4호, 115-152

• 송계전(2009). "신속한 의사결정 방법론: 먼저, 제때 의사결정하기 위한 5가지 방법", DBR

• 임창희(2018). "조직행동", 비앤엠북스

• 장원청(2020). "심리학을 만나 행복해졌다" (김혜림 옮김), 미디어숲

• 채홍미(2014). "소통, 공룡을 표범처럼 날렵하게 만든다", 동아비즈니스리뷰. 152호

• 최성욱(2015). "홉스테드(G. Hofstede)의 문화차원에 대한 타당성 검증", 한국행정논집. Vol 27. 4호

• 동아일보 미래전략연구소, 전경련 국제경영원, 안서원(2009). "한국의 리더, 의사결정의 덫에 빠지다", DBR

• 대니얼 골먼(Daniel Goleman)(2008). "EQ 감성지능" (한창호 옮김), 웅진지식하우스

• 대니얼 레비(Daniel Levi)(2010). "팀워크 심리학" (정명진 옮김), 부글북스

• 대니얼 카너먼(Daniel Kahneman)(2018). "생각에 관한 생각" (이창신 옮김), 김영사

• 도널드 설(Donald Sull)(2010). "혼돈을 넘어 위대한 기업으로" (안세민 옮김), 청림출판

• 도로시 리즈(Dorothy Leeds)(2016). "질문의 7가지 힘" (노혜숙 옮김), 더난출판사

• 로버트 치알디니(Robert B. Cialdini)(2013). "설득의 심리학" (황혜숙 옮김), 21세기북스

• 로저슈워츠(Roger Schwarz)(2002). "퍼실리테이션 스킬" (봉현철, 김영원 옮김), 다산서고

- 메러디스 벨빈(Meredith R. Belbin)(2012). "팀이란 무엇인가" (김태훈), 라이프맵

- 미하이 칙센트미하이(Csikszentmihalyi)(2004). "몰입 flow 미치도록 행복한 나를 만난다" (최인수 옮김), 한울림

- 벤 웨이버(Ben Waber), 제니퍼 매그놀피(Jennifer Magnolfi), 그렉 린지(Greg Lindsay) (2014). "사람을 움직이게 하는 업무 공간", Harvard Business Review

- 스펜서(SPENCER) 공저(2000). "핵심 역량모델의 개발과활용" (민병모 등 옮김), 피에스아이컨설팅

- 에버렛 M.로저스(Everett M. Rogers)(2005). "개혁의 확산" (김영석 등 옮김), 커뮤니케이션북스

- 유발 하라리(Yuval Noah Harari)(2015). "사피엔스" (조현욱 옮김), 김영사

- 입케 박스무트(2014). "커뮤니케이션" (장병탁, 최윤영 옮김), 서울대학교출판부

- 제임스 M. 쿠제스, 베리 Z.포스너(2018). "리더십 챌린지[6판]" (정재창 옮김), 이담북스

- 존 코터(John. P. Kotter)(2007). "기업이 원하는 변화의 리더" (한정곤 옮김), 김영사

- 짐 콜린스(James C. Collins)(2002). "성공하는 기업들의 8가지 습관" (워튼포럼 옮김), 김영사

- 켄 블랜차드, 퍼트리샤 지가미, 드레아 지가미(2011). "플렉서블 켄 블랜차드의 상황대응 리더십" (구세희 옮김), 21세기북스

- 피터 F. 드러커(Peter Ferdinand Drucker)(2006). "경영의 실제" (이재규 옮김), 한국경제신문사

- 피터 F. 드러커, 프랜시스 헤셀바인, 조안 스나이더 컬(2017). "피터 드러커의 최고의 질문" (유정식 옮김), 다산북스

- Asch S. E.(1956). "Studies of independence and conformity: I. A minority of one against a unanimous majority", Psychological Monographs, 70, 1-70

- Bruce Tuckman(1965). "Developmental sequence in small groups ", Psychological Bulletin

- Cynthia Scott & Dennis Jaffe(1988). "Change Grid", Training and Development Journal

- D. Kolb(1984). "Experiential Learning experience as a source of learning and development", New Jersey, Prentice-Hall

- Hackman, J. R.(1987). "The design of work teams", Handbook of organizational behavior. 315-342

- Lombardo and Eichinger(2000). "High potentials as high learners", Human Resource Management,

- Marc Prensky(2001). "Digital Natives, Digital Immigrants", MCB University Press. Vol. 9 No. 5

- McKinsey and Company(2008). "Enduring Ideas: The 7-S Framework", McKinsey Quarterly

- Project Management Institute(2017). "PMBOK(Project Management Body of Knowledge) Sixth edition 한글판", Project Management Institute

- Robert Blake & Jane Mouton(1964). "Managerial Grid", Houston: Gulf Publishing Company

- Rogers, Everett M(1964). "Diffusion of Innovations", Free Press

- Sull, Donald; Sull, Charles; Bersin, Josh(2020). "Five Ways Leaders Can Support Remote Work", MIT Sloan Management Review. 61(4):1-10

- Vroom & Yetton(1979). "Leadership Decision-Making", Journal of Management studies

- William Howell(1981). "Empathic Communicator", Wadsworth

- Winter. Vol. 39, No. 4, Pp. 321-330 "

- Center for Creative Leadership(2020). "The 70-20-10 Rule for Leadership Development", https://www.ccl.org/articles/leading-effectively-articles/70-20-10-rule/

넥스트
제너레이션
리더십

초판 1쇄 발행 2022년 7월 15일

지은이 이치민
펴낸이 정필규
마케팅 정필규
편 집 김정웅
디자인 롬디

펴낸곳 활자공방
출판등록 2019년 11월 11일 제409-2019-000051호
주 소 (10081) 경기도 김포시 김포한강3로 한양수자인리버팰리스, 604-1002
문 의 010-3449-2136
팩 스 0504-365-2136
납품 이메일 haneunfeel@gmail.com
일반문의 이메일 word_factory@naver.com
블로그 https://blog.naver.com/word_factory

ⓒ 이치민, 2022
ISBN 979-11-969478-3-5 03320
값 20,000원